RRR

— SERIES —

रैपिड • राजस्थान • रिवीज़न

6 घंटे में राजस्थान राजव्यवस्था व स्टैटिक GK

का सम्पूर्ण रिवीज़न

पार्ट 3

arihant
SUCCESS AND NOTHING LESS

arihant
SUCCESS AND NOTHING LESS

अरिहन्त पब्लिकेशन्स (इण्डिया) लिमिटेड

卐 रजि. कार्यालय

'रामछाया' 4577/15, अग्रवाल रोड, दरिया गंज, नई दिल्ली- 110002
फोन: 011-47630600, 43518550

卐 मुख्य कार्यालय

कालिन्दी, टी.पी. नगर, मेरठ (यूपी)– 250002
फोन: 0121-7156203, 7156204

卐 शाखा कार्यालय

आगरा, अहमदाबाद, बरेली, बेंगलुरु, चेन्नई, दिल्ली, गुवाहाटी, हैदराबाद, जयपुर, झाँसी, कोलकाता, लखनऊ, नागपुर तथा पुणे

卐 मूल्य ₹ 65.00

PO No. : TXT-59-T067212-09-25

PUBLISHED BY ARIHANT PUBLICATIONS (INDIA) LTD.

'अरिहन्त' की पुस्तकों के बारे में अधिक जानकारी के लिए हमारी वेबसाइट **www.arihantbooks.com** पर लॉग इन करें या **info@arihantbooks.com** पर सम्पर्क करें।

लेखक की कलम से...

प्रिय अभ्यर्थियों,

अपने लम्बे अध्यापन अनुभव से हमने महसूस किया है कि यदि परीक्षार्थियों के पास नोट्स एवं प्वॉइण्टर रूप में परीक्षा उपयोगी कंटेंट हो, तो आसानी से कम समय में सम्पूर्ण पाठ्यक्रम का दोहराव करने के पश्चात् उनके चयन की सम्भावना बढ़ सकती है।

इसी आवश्यकता को पूर्ण करने के लिए पिछले 6 माह के भागीरथ प्रयास से हमने तैयार की है RRR सीरीज। पुस्तक में अतिमहत्त्वपूर्ण सामग्री को आसान भाषा में नवीनतम डेटा तथा नवीनतम जिला विभाजन के साथ व्यवस्थित किया गया है।

यदि विद्यार्थियों ने परीक्षा से पहले इसे 5-6 बार दोहरा लिया, तो हमें पूरा विश्वास है कि ये आपकी सफलता में रामबाण सिद्ध होगी।

अगले संस्करण के लिए सुझाव आमन्त्रित हैं।

लेखकगण

- अंकुर पारीक सर
- गौरव पाराशर सर

Exam के समय

Fast Revision की Tension अब खत्म...

विषय-सूची

स्टैटिक GK

अध्याय 1 ~ राजस्थान में राज्य स्तरीय प्रशासन

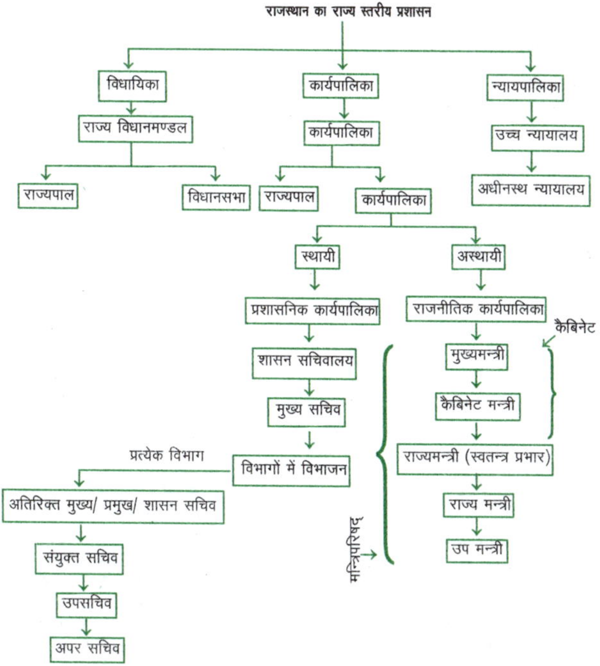

अध्याय 2 ~ राज्यपाल

- राज्य का मुख्य चेहरा राज्यपाल है, इसलिए इसे राज्य का संवैधानिक प्रमुख कहते हैं, क्योंकि राज्य के सभी कार्य इसी के नाम से होते हैं।
- **राज्यपाल** (अनुच्छेद-153) केन्द्र का प्रतिनिधि/एजेण्ट तथा राज्यों का संवैधानिक प्रमुख होता है।

राज्यपाल से सम्बन्धित अनुच्छेद

- अनुच्छेद-153 राज्य का राज्यपाल
- अनुच्छेद-154 राज्य की कार्यपालिका शक्ति राज्यपाल में निहित होना
- अनुच्छेद-155 नियुक्ति (राष्ट्रपति द्वारा)
- अनुच्छेद-156 पदावधि
- अनुच्छेद-157 योग्यताएँ
- अनुच्छेद-158 पद की शर्तें
- अनुच्छेद-159 शपथ
- अनुच्छेद-161 राज्यपाल की क्षमादान शक्तियाँ

अनुच्छेद-152 राज्य की परिभाषा

- यहाँ राज्य से तात्पर्य भारत के 28 राज्यों से है। (राजस्थान, बिहार, पंजाब, उड़ीसा इत्यादि)।
- भाग- 6 केवल राज्यों से सम्बन्धित है, इसमें UT'S का वर्णन नहीं है।
- UT'S का वर्णन भाग-8 में **अनुच्छेद-239-242** तक है।

नोट *5 अगस्त, 2019 से पहले अनुच्छेद-152 में अपवाद के रूप में जम्मू-कश्मीर का वर्णन था अर्थात् भाग-6 जम्मू-कश्मीर के लिए प्रावधान नहीं करता।*

- अनुच्छेद-153 राज्यों का एक राज्यपाल होगा (राज्यपाल पद का वर्णन)
- अनुच्छेद-154 राज्य की कार्यपालिका शक्ति राज्यपाल में निहित होती है अर्थात् राज्यपाल राज्य स्तर के सभी विधिक और प्रशासनिक कार्य

यह भी जानें...

सातवाँ संविधान संशोधन अधिनियम, 1956 (अनुच्छेद-153) एक राज्य के राज्यपाल को एक से अधिक राज्यों का प्रतिनिधित्व करने से नहीं रोकता अर्थात् एक व्यक्ति दो या दो से अधिक राज्यों का भी राज्यपाल नियुक्त हो सकता है।

या तो स्वयं या अपने अधीनस्थ अधिकारियों के माध्यम से करता है। (यहाँ अधीनस्थों से आशय मन्त्रिपरिषद्, प्रशासनिक अधिकारी तथा उसके सेवकों से है।)

- राज्यपाल का कार्य राज्य की संवैधानिक स्थिति का ब्यौरा केन्द्र को देना है अर्थात् वह राष्ट्रपति और केन्द्र की सरकार को राज्य की प्रत्येक स्थिति से अवगत कराता है। इसलिए हम कह सकते हैं कि राज्यपाल राज्य में केन्द्र का अभिकर्ता/प्रतिनिधि होता है।

राज्यपाल की दोहरी भूमिका होती है

केन्द्र के अभिकर्ता/प्रतिनिधि के रूप में	राज्य के संवैधानिक प्रमुख के रूप में
केन्द्र व राज्य के बीच सेतु का कार्य करता है, जिससे संघात्मक ढाँचे को मजबूती मिले।	राज्य की कार्यपालिका शक्ति राज्यपाल में निहित होती है अर्थात् राज्य के सभी कार्य राज्यपाल के नाम से होते हैं।
राज्य की संवैधानिक स्थिति का ब्यौरा केन्द्र को देता है अर्थात् वह राष्ट्रपति और केन्द्र की सरकार को राज्य की प्रत्येक स्थिति से अवगत करवाता है।	राज्य का संवैधानिक प्रमुख होता है, जिससे राज्य तानाशाही प्रवृत्ति में न आ पाए।
राज्य में संवैधानिक ढाँचे के अनुसार कार्य न हो रहा हो और इसका कारण बाह्य आक्रमण व सैन्य विद्रोह हो, तब राज्यपाल, राष्ट्रपति से आपातकाल लगाने की सिफारिश कर सकता है।	सबसे बड़े दल के नेता को सरकार बनाने के लिए आमन्त्रित करता है। मुख्यमन्त्री की नियुक्ति भी राज्यपाल करता है।
आपातकाल के दौरान राष्ट्रपति, राज्यपाल के माध्यम से राज्य का प्रशासन चलाता है।	राज्य की मन्त्रिपरिषद् व्यक्तिगत रूप से राज्यपाल के प्रति उत्तरदायी होती है।

अनुच्छेद-155 राज्यपाल की नियुक्ति

- राज्यपाल की नियुक्ति राष्ट्रपति द्वारा केन्द्र की मन्त्रिपरिषद् की सलाह से व मुद्रा सहित अधिपत्र एवं हस्ताक्षर द्वारा होती है।
- राष्ट्रपति के समान राज्यपाल का चुनाव नहीं होता, क्योंकि ऐसे में राज्य में दोहरा नेतृत्व, देश का संघीय ढाँचा कमजोर, अनावश्यक रूप से एक पद, खर्चीली व्यवस्था तथा राज्य में राज्यपाल की तटस्थ भूमिका देखने का अभाव मिलेगा।
- संविधान सभा में इस पर गहन विचार दिमर्श हुए और राज्यपाल के लिए चुनाव व्यवस्था को टाला गया।

राज्यपाल की नियुक्ति के समय दो परम्पराएँ प्रचलित हैं

(i) वह सम्बन्धित राज्य का निवासी न होकर बाहरी होना चाहिए, जिससे वह स्थानीय राजनीति से मुक्त हो और तटस्थ होकर कार्य करें।

(ii) राष्ट्रपति को राज्यपाल की नियुक्ति के समय सम्बन्धित राज्य के मुख्यमन्त्री से परामर्श लेनी चाहिए। (ऐसा होना अनिवार्य नहीं)

यह भी जानें...

यदि किसी राज्यपाल को उसके पद से हटाया जाए या उसका कार्यकाल पूरा हो जाए, तो वह तब तक पद पर बना रहेगा, जब तक उसका उत्तराधिकारी पद ग्रहण न कर ले (पद की अवधि समाप्त हो जाने पर भी)।

बी. पी. सिंघल बनाम भारत संघ मामला, 2010 जजों की संवैधानिक पीठ ने सर्वसम्मति से निर्णय लिया (5 : 0) कि राज्यपाल को मनमाने आधार पर नहीं हटाया जा सकता है, जैसे केन्द्र में सरकार बदल गई और राज्यपाल नई सरकार की विचारधारा और सिद्धान्तों में विश्वास नहीं रखता।

अनुच्छेद-156 राज्यपाल की पदावधि

- पद ग्रहण की तारीख से सामान्यतः पाँच वर्ष तक कार्य करता है।
- यह राष्ट्रपति के प्रसादपर्यंत कार्य करता है अर्थात् राष्ट्रपति केन्द्र की सलाह से इसे कभी भी हटा सकता है।
- राज्यपाल अपना त्याग-पत्र भी राष्ट्रपति को देता है।
- राज्यपाल के कार्यकाल को लेकर अनिश्चितता बनी रहती है, जिसे लेकर कई विशेषज्ञों का मत है कि इस व्यवस्था में सुधार होना चाहिए।

अनुच्छेद-157 राज्यपाल पद की योग्यताओं का वर्णन

- भारत का नागरिक हो (जन्म से/बाद में नागरिकता ली हो)।
- 35 वर्ष की आयु पूरी कर चुका हो।

अनुच्छेद-158 राज्यपाल पद की शर्तों का वर्णन

- राज्यपाल संसद/विधानमण्डल का सदस्य नहीं होना चाहिए और यदि ऐसे किसी व्यक्ति को राज्यपाल नियुक्त किया जाए, तो सदन के सदस्य के रूप में उसकी सदस्यता उसी दिन से रिक्त हो जाएगी।
- लाभ के पद पर नहीं होना चाहिए (राष्ट्रपति, उपराष्ट्रपति, राज्यपाल), संघ व राज्य के मन्त्रियों को लाभ का पद नहीं माना जाता।)
- बिना कोई किराया चुकाए, उसे राजभवन उपलब्ध होगा।
- पद के दौरान उसके वेतन भत्ते, उपलब्धियों व विशेषाधिकारों में कमी नहीं की जा सकती।

नोट *राज्यपाल को वेतन सम्बन्धित राज्य की संचित निधि से प्राप्त होता है, जबकि उसको पेंशन भारत की संचित निधि में से दी जाती है।*

- राज्यपाल के वेतन का उल्लेख दूसरी अनुसूची में है।
- वर्तमान वेतन 3.5 लाख रुपए मासिक है।
- अनुच्छेद- 361 इस अनुच्छेद के तहत राष्ट्रपति और राज्यपाल को विशेषाधिकार/विशेष संरक्षण प्राप्त है।
- राष्ट्रपति/राज्यपाल अपने पद शक्तियों के प्रयोग तथा अपने कर्त्तव्यों के पालन हेतु किए गए कार्यों के लिए किसी भी न्यायालय के प्रति उत्तरदायी नहीं होगा।

यह भी जानें...

जब कोई व्यक्ति दो या दो से अधिक राज्यों में राज्यपाल होता है, तो उसको वेतन किस रूप में दिया जाए, उसके वेतन और खर्चों के खर्च का क्या अनुपात होगा, इस बात का निर्धारण भारत का राष्ट्रपति करेगा।

- राष्ट्रपति/राज्यपाल को पदावधि के दौरान किसी भी आपराधिक मामले की सुनवाई से छूट प्राप्त होगी अर्थात् न तो ऐसी कोई कार्यवाही शुरू होगी और यदि पहले से शुरू हो, तो उसे चालू नहीं रखा जाएगा।
- इन दोनों पदों को पद के दौरान न तो गिरफ्तार किया जा सकता है और न ही जेल भेजने के आदेश देने की अधिकारिता किसी न्यायालय में होगी।
- राष्ट्रपति/राज्यपाल द्वारा व्यक्तिगत हैसियत से किए गए कार्यों में/सिविल मामलों में उनके अधिकार असीमित नहीं बल्कि सीमित है अर्थात् उनके विरुद्ध कार्यवाही की जा सकती है, लेकिन 3 मुख्य शर्तें होंगी
  - राष्ट्रपति/राज्यपाल को लिखित रूप से सूचना देनी होगी।
  - ऐसी सूचना देने के बाद कम-से-कम 2 महीने का समय देना होगा।
  - सूचना में पक्षकार को अपना सम्पूर्ण विवरण देना होगा।

अनुच्छेद-159 राज्यपाल की शपथ का वर्णन

- राज्यपाल को शपथ उच्च न्यायालय का मुख्य न्यायाधीश या उसकी अनुपस्थिति में वरिष्ठ न्यायाधीश दिलाता है।
- राज्यपाल, राष्ट्रपति के समान संविधान और विधि की रक्षा (परिरक्षण, संरक्षण, प्रतिरक्षण) तथा लोक कल्याण की शपथ लेता है।
- राज्यपाल की शपथ या प्रतिज्ञान का उल्लेख तीसरी अनुसूची में नहीं है।
- अनुच्छेद-160 कुछ आकस्मिकताओं में राज्यपाल के कर्त्तव्यों का निर्वहन
- इस सम्बन्ध में प्रावधान राष्ट्रपति निर्धारित करता है, जिसका पालन राज्यपाल करता है।

- **अनुच्छेद-161 राज्यपाल की क्षमादान की शक्तियों का वर्णन**
- जिस प्रकार अनुच्छेद-72 में राष्ट्रपति को केन्द्रीय विधियों से सम्बन्धित मामले में सजा में माफी का अधिकार है, (क्षमा, परिहार, लघुकरण, विराम, प्रविलम्बन) उसी प्रकार राज्यपाल को भी क्षमादान की शक्ति प्राप्त है, लेकिन कुछ अपवाद हैं
  - राज्यपाल, राष्ट्रपति की भाँति मृत्युदण्ड को पूर्णतः माफ नहीं कर सकता।
  - सेना से सम्बन्धित मामलों को लेकर राज्यपाल के पास कोई शक्ति नहीं है।
- अनुच्छेद-162 राज्य की कार्यपालिका शक्ति के विस्तार का अधिकार राज्य विधानमण्डल को है।

राज्यपाल की शक्तियाँ

राष्ट्रपति	राज्यपाल
विधायी शक्तियाँ	लगभग समान
कार्यपालिका शक्तियाँ	लगभग समान
वित्तीय शक्तियाँ	लगभग समान
न्यायिक शक्तियाँ	लगभग समान
क्षमादान शक्तियाँ	(राष्ट्रपति से अपेक्षाकृत कम)
स्वविवेक शक्तियाँ	(राष्ट्रपति से अधिक व्यापक)
आपातकालीन (संघीय मामले)	सलाहकारी शक्ति है)
सैन्य (संघीय मामले)	
कूटनीतिक (संघीय मामले)	
वीटो शक्तियाँ	(अनुच्छेद-200) राज्यपाल राज्य के किसी विशेष बिल (HC सम्बन्धी) को P के लिए Reserve कर सकता है।

विधायी शक्तियाँ

(i) राज्य विधानमण्डल के सत्र को आहूत करना, सत्रावसान करना तथा राज्य की विधानसभा का विघटन करना। (अनुच्छेद-174)

(ii) राज्यपाल का अभिभाषण तथा दोनों सदनों/सदन को सन्देश भेजने का अधिकार (अनुच्छेद-175)

(iii) साल के प्रथम सत्र में जब नई VS चुनकर आती है, तब राज्यपाल का विशेष अभिभाषण होता है (अनुच्छेद-176)

(iv) (अनुच्छेद-213) राज्यपाल की अध्यादेश शक्ति का वर्णन

- जब राज्य विधानमण्डल का सत्र नहीं चल रहा हो और किसी राज्य से सम्बन्धित विषय (राज्य/समवर्ती सूची) पर कानून बनाना अनिवार्य हो, तो राज्यपाल, मन्त्रिपरिषद् की सलाह से अध्यादेश जारी कर सकता है, जिसकी अधिकतम अवधि जारी करने के बाद 6 महीने तक तथा सत्र प्रारम्भ के बाद 6 सप्ताह तक होती है।
  - यह कानून बनाने की वैकल्पिक व्यवस्था है, अधिनियम की भाँति स्थायी व्यवस्था नहीं है।
  - अध्यादेश का वही प्रभाव और बल होता है, जो विधायिका द्वारा पारित अधिनियम का होता है।
  - राज्यपाल की अध्यादेश शक्ति के कुछ अपवाद हैं, जैसे-

– वह ऐसे मामलों को लेकर अध्यादेश जारी नहीं कर सकता, जिनमें राष्ट्रपति की पूर्वानुमति आवश्यक हो।

– उन मामलों को लेकर भी राज्यपाल को अध्यादेश जारी करने की शक्ति प्राप्त नहीं है, जो राष्ट्रपति के विचार हेतु आरक्षित रखे जाते हैं।

(v) अनुच्छेद-200 के तहत राज्यपाल को विधेयकों पर अनुमति का अधिकार है, इसे राज्यपाल की वीटो शक्ति कहते हैं।

- राज्यपाल द्वारा किसी विधेयक पर सहमति देने से वह अधिनियम बन जाता है।
- राज्यपाल द्वारा धन विधेयकों को छोड़कर अन्य विधेयकों को एक बार सदन में पुनर्विचार हेतु भेजा जा सकता है। (निलम्बनकारी वीटो)
- राज्यपाल धन विधेयक या किसी भी विधेयक पर चूँकि समय-सीमा निर्धारित नहीं है, तो किसी भी निर्णय पर न पहुँचकर वह पॉकेट वीटो कर लेता है।
- राज्यपाल यदि विधेयक निर्णय कुछ कारणों से रोक ले, तो अत्यान्तिक/निरपेक्ष वीटो हो जाता है।
- राज्यपाल विधेयक को अस्वीकार भी कर सकता है।
- यदि कोई विधेयक राज्य के उच्च न्यायालय की स्थिति को खतरे में डालता हो, तो राज्यपाल ऐसे विधेयक को राष्ट्रपति के विचार हेतु आरक्षित रख सकता है।

अनुच्छेद-201 राष्ट्रपति के विचार हेतु आरक्षित विधेयक

राज्यपाल निम्न मामलों को लेकर किसी भी बिल को राष्ट्रपति के लिए आरक्षित कर सकता है

(i) उच्च न्यायालय की स्थिति को खतरे मे डालता हो। (संविधान में)

(ii) देश के व्यापक हित के विरुद्ध हो।

(iii) संविधान के उपबन्धों के विरुद्ध हो या राष्ट्रीय महत्त्व का हो।

(iv) नीति निदेशक तत्त्वों के विरुद्ध हो।

(v) अनुच्छेद-31A के तहत सम्पत्ति के अनिवार्य अधिग्रहण से सम्बन्धित हो।

***नोट** द गवर्नर - सेज एण्ड सेबेटोर - 1985 (लेख)*

सॉलीसीटर जनरल/अतिरिक्त महान्यायवादी-सोली सोराबजी द्वारा लिखित लेख में उल्लिखित

- ऐसे में राज्यपाल की भूमिका लगभग समाप्त हो जाती है। (मध्यस्थ के रूप में रहेगा)
- राष्ट्रपति ऐसे विधेयक पर
  - सहमति दे, तो कानून बन जाएगा।
  - असहमति दे, तो समाप्त हो जाएगा (कोई भी विधेयक हो)।
  - धन विधेयक के अतिरिक्त अन्य विधेयक को एक बार विधानमण्डल में पुनर्विचार हेतु भेज सकता है। (ऐसे में VM के पास 6 महीने की समय सीमा निर्धारित होती है)।
- इस बीच राज्य विधानमण्डल इसमें संशोधन करके या बिना संशोधन के भी विधेयक को भेजे, तो राष्ट्रपति उस पर सहमति देने के लिए बाध्य नहीं है।

(vi) अनुच्छेद-171 के तहत राज्यपाल राज्य की विधानपरिषद् में 1/6 सदस्यों को मनोनीत करता है, जो साहित्य, विज्ञान, कला, समाज-सेवा तथा सहकारिता क्षेत्र से सम्बन्धित हो।

(vii) अनुच्छेद-333 के तहत राज्यपाल, राज्य की विधानसभा में यदि एंग्लो-इण्डियन समुदाय का प्रतिनिधित्व पर्याप्त न हो, तो ऐसे एक व्यक्ति को मनोनीत कर सकता है। (104 CAA के तहत यह व्यवस्था समाप्त हो गई)

(viii) अनुच्छेद-191 के तहत विधानमण्डल के सदस्यों को ECI की सलाह से पद से हटाना (निरहर्ताएँ)

कार्यपालिका शक्तियाँ

राज्यपाल, राज्य में विभिन्न पदों की नियुक्ति करता है

(i) मुख्यमन्त्री की नियुक्ति [164 (1] (स्वविवेक से, बहुमत दल के नेता को)

(ii) राज्य की मन्त्रिपरिषद् की नियुक्ति (164) (CM की सलाह से)

(iii) महाधिवक्ता (अनुच्छेद-165) (मन्त्रिपरिषद् की सलाह से)

- इसे उच्च न्यायालय के न्यायाधीश के समान दर्जा प्राप्त होता है।

- यह सरकार का मुख्य वकील (राज्य सरकार की न्यायालय में पैरवी करता है।) होता है।
- राज्य के सभी न्यायालयों में सुनवाई का अधिकार प्राप्त है।
- अनुच्छेद-177 के तहत यह राज्य VM की बैठकों में भाग ले सकता है, चर्चा कर सकता है, समिति का सदस्य बन सकता है, लेकिन वोट नहीं कर सकता। (राज्यपाल के प्रसादपर्यन्त कार्य करता है)

प्रथम महाधिवक्ता-G. C कासलीवाल

वर्तमान में-M.S सिंघवी

(iv) राज्य के सभी महत्त्वपूर्ण आयोगों के अध्यक्ष व सदस्य की नियुक्ति करता है; जैसे- RPSC, राज्य मानवाधिकार आयोग, लोकायुक्त, अन्य सभी राज्य स्तरीय आयोग।
- इनके शपथ, त्याग-पत्र एवं निलम्बन का अधिकार भी राज्यपाल के पास है।
- कई महत्त्वपूर्ण आयोगों में बर्खास्तगी के अधिकार राज्यपाल को नहीं, बल्कि राष्ट्रपति को है।

(v) राज्य विश्वविद्यालयों के कुलपतियों की नियुक्ति राज्यपाल करेगा। कुलाधिपति राज्यपाल स्वयं होता है।

(vi) राज्य स्तर के सभी अधिकारियों व कर्मचारियों की नियुक्ति राज्यपाल के आदेश से होती है।

(vii) अनुच्छेद-217 के तहत राष्ट्रपति HC के न्यायाधीशों की नियुक्ति के समय राज्यपाल से परामर्श ले सकता है।

(viii) अनुच्छेद-233 के तहत राज्यपाल, राज्य के HC के साथ परामर्श करके जिला न्यायाधीशों की नियुक्ति करता है तथा इनके स्थानान्तरण और पदोन्नति के आदेश भी देता है।

(ix) अनुच्छेद-166 के तहत राज्य सरकार की कार्यवाही का संचालन राज्यपाल करता है अर्थात् राज्य स्तर के सभी कार्य राज्यपाल के नाम से किए हुए कहे जाएँगे तथा सरकार चलाने के नियम तथा मन्त्रियों को उनके कार्यों का आवण्टन राज्यपाल करता है।

वित्तीय शक्तियाँ

(i) अनुच्छेद-202 के तहत राज्यों का वार्षिक वित्तीय विवरण राज्यपाल की अनुमति से राज्य विधानमण्डल में रखा जाता है। इसे बजट कहते हैं।
(केन्द्र का बजट - अनुच्छेद-112, राष्ट्रपति की अनुमति से संसद में रखा जाता है।)

(ii) अनुच्छेद-199 के तहत धन विधेयक को विधानसभा में रखने से पहले राज्यपाल की अनुमति लेना अनिवार्य है।

(iii) अनुच्छेद-200 के तहत राज्यपाल की वीटो शक्तियाँ दी गई हैं, जिनमें वर्णित है कि धन विधेयक के लिए राज्यपाल निलम्बनकारी वीटो का प्रयोग नहीं कर सकता।

(iv) अनुच्छेद-267 राज्य की आकस्मिकता निधि का संरक्षण राज्यपाल करता हैं, जबकि भारत की आकस्मिकता निधि का संरक्षण राष्ट्रपति करता है।

(v) अनुच्छेद-243(I), अनुच्छेद-243(Y) के तहत राज्य वित्त आयोग का गठन प्रत्येक 5 वर्ष में राज्यपाल करता है।

(vi) अनुच्छेद-151 के तहत राज्य में CAG की रिपोर्ट राज्य विधानमण्डल में राज्यपाल की अनुमति से प्रस्तुत की जाती है।

न्यायिक व अन्य शक्तियाँ

(i) अनुच्छेद-217 के अन्तर्गत HC के न्यायाधीशों की नियुक्ति करते समय राष्ट्रपति सम्बन्धित राज्य के राज्यपाल से परामर्श लेता है।

(ii) अनुच्छेद-233 के तहत जिला न्यायाधीशों की नियुक्ति करते समय राज्यपाल HC से परामर्श लेता है।

नोट *राजस्थान में राजस्थान न्यायिक सेवाओं में नियुक्ति पहले RPSC करता था, लेकिन वर्तमान में राजस्थान का HC करता है।*

अनुच्छेद-234 जिला न्यायाधीशों के अतिरिक्त अन्य न्यायिक सेवा के पदों की नियुक्ति भी राज्य में राज्यपाल करता है।

(iii) अनुच्छेद-361 राष्ट्रपति व राज्यपाल को आपराधिक और सिविल मामलों में विशेष संरक्षण प्राप्त है।

(iv) अनुच्छेद-161 राज्यपाल मृत्युदण्ड को माफ करने के अलावा अन्य क्षमादान की शक्तियाँ रखता है।

स्वविवेक शक्तियाँ

- राज्यपाल का पद अपनी इन शक्तियों को लेकर काफी चर्चा में रहता है, विशेषतः जब त्रिशंकु/खण्डित विधानसभा गठित हो जाए, किसी विधेयक को राष्ट्रपति के

विचारार्थ आरक्षित रखने की स्थिति आ जाए, अनुच्छेद-356 के तहत राज्य का संवैधानिक ढाँचा विफल हो जाए, अनुच्छेद-365 के तहत केन्द्र के निर्देशों का राज्य पालन न करे, विधानसभा में अविश्वास प्रस्ताव पारित हो जाए और मुख्यमन्त्री त्याग-पत्र न दे इत्यादि मामलों को लेकर राज्यपाल का पद काफी विवादित रहता है, इसलिए भारत में केन्द्र-राज्य सम्बन्धों को लेकर गठित आयोगों ने (सरकारी आयोग, पुंछी आयोग, शीतलवाड़ आयोग, पी. वी. राजमन्नार आयोग तथा भगवान सहाय समिति) तथा भारत के प्रशासनिक सुधार आयोगों ने राज्यपाल के पद, पद के दुरुपयोग, पद की नियुक्ति और हटाने की प्रक्रिया और अनुच्छेद-356 को लेकर कई सुझाव दिए। (भारतीय संविधान का सबसे विवादस्पद अनुच्छेद)

राजस्थान के सन्दर्भ में राज्यपाल की स्वविवेक शक्ति का उदाहरण

राजस्थान में वर्ष 1967 में कांग्रेस के पास स्पष्ट बहुमत नहीं था। चौथे विधानसभा चुनाव में 184 सीटों में से कांग्रेस को 89 (CM सुखाड़िया के नेतृत्त्व में) तथा संयुक्त मोर्चा को 95 सीटें (महारानी गायत्री देवी के नेतृत्व में) प्राप्त हुई, लेकिन राज्यपाल सम्पूर्णानन्द ने संयुक्त मोर्चे के स्थान पर सुखाड़िया को CM बनाया। विश्वास-मत प्राप्त न होने और राज्य में व्यापक आन्दोलन के कारण सुखाड़िया ने त्याग-पत्र दे दिया और 13 मार्च, 1967 को राजस्थान में प्रथम आपातकाल घोषित हुआ। 6 मार्च, 1967 को संयुक्त मोर्चे के विधायकों ने राष्ट्रपति के सामने परेड भी की।

स्वविवेक

- अनुच्छेद-163 के अनुसार
  - राज्यपाल को उसके कार्यों में सहायता और सलाह देने के लिए एक मन्त्रिपरिषद् होगी, जिसका प्रधान मुख्यमन्त्री होगा।
  - राज्यपाल अपने स्वविवेक के मामलों में मन्त्रिपरिषद् की सलाह मानने के लिए बाध्य नहीं होगा।
  - राज्यपाल को मन्त्रिपरिषद् द्वारा दी गई सलाह का न्यायिक पुनरावलोकन नहीं किया जा सकता।
  - अनुच्छेद-163 (2) के अनतर्गत राज्यपाल का स्वविवेक के आधार पर लिया गया निर्णय अन्तिम होगा, इसकी वैधता पर प्रश्न नहीं उठाया जा सकेगा अर्थात् संविधान में यह अनुच्छेद राज्यपाल की स्वविवेक शक्तियों को वर्णित कर रहा है, परिभाषित नहीं करता। इस रूप में राज्यपाल का पद राष्ट्रपति की तुलना में अधिक शक्तिशाली है।

- राज्यपाल की स्वविवेक शक्तियाँ निम्न हैं
  - CM की नियुक्ति अनुच्छेद-164 (1) के तहत राज्यपाल CM की नियुक्ति करता है। प्रायः विधानसभा के चुनावों के बाद राज्यपाल सबसे बड़े दल के नेता को CM पद के लिए आमन्त्रित करता है। यदि किसी दल को स्पष्ट बहुमत न मिले, तो ऐसे में राज्यपाल की भूमिका काफी चर्चित होती है, क्योंकि वह स्वविवेकानुसार किसी भी बड़े दल के नेता को CM पद का आमन्त्रण दे सकता है। उदाहरण वर्ष 1967 में राजस्थान में हाल ही में कर्नाटक, महाराष्ट्र इत्यादि राज्यों में भी।
  - राष्ट्रपति के विचार हेतु आरक्षित विधेयक (अनुच्छेद-200)
  - अनुच्छेद-356 के तहत यदि राज्य में संवैधानिक ढाँचा विफल हो जाए, तो राष्ट्रपति से आपातकाल की सिफारिश करना।
  - बहुमत सिद्ध न होने पर विधानसभा को विघटित करना या मुख्यमन्त्री/मन्त्रिपरिषद् से त्याग-पत्र माँगना।
  - अनुच्छेद-200 के तहत विधेयक को सदन में पुनर्विचार हेतु भेजना तथा मन्त्रिपरिषद् द्वारा दी गई सलाह को भी पुनर्विचार हेतु एक बार भेजा है।
  - अनुच्छेद-167 के तहत राज्य के CM से राज्य के प्रशासन सम्बन्धी कार्यों की जानकारी लेना।
- अनुच्छेद-167 (ग) यदि किसी मुद्दे पर केवल मन्त्री ने विचार किया हो, लेकिन मन्त्रिपरिषद् ने नहीं, तो राज्यपाल की अपेक्षा किए जाने पर CM ऐसे मामले को सम्पूर्ण मन्त्रिपरिषद् के समक्ष विचार हेतु रख सकता है।
- [illegible] ने संविधान के प्रावधानों के विरुद्ध कार्य किया हो या वह भ्रष्टाचार में लिप्त पाया [illegible] सदन, सदस्य, मन्त्रियों के बीच अपना विश्वास खों दे, तो भी राज्यपाल अपने स्वविवेक से कार्यवाही कर सकता है। हालाँकि ऐसे में सरकार को भी राज्यपाल के फैसले के विरुद्ध कोर्ट में जाने का अधिकार है।
- अनुच्छेद-371 5वीं, व 6वीं अनुसूची के तहत कुछ राज्यों के राज्यपालों को स्वविवेक के आधार पर अपने क्षेत्र को लेकर विशेष अधिकार व शक्तियाँ प्राप्त हैं।
- (उद्देश्य - आर्थिक, सामाजिक व शैक्षणिक राजनैतिक विकास सर्वांगीण अनुच्छेद-371 कुछ राज्यों के सम्बन्ध में विशेष उपबन्ध राजनैतिक महाराष्ट्र (विदर्भ, मराठवाड़ा) व गुजरात सौराष्ट्र, कच्छ)
  - 371 (A) – 371 (B) नागालैण्ड – 371 (C) असम
  - 371 (D) मणिपुर – 371 (E) AP में केन्द्रीय विश्वविद्यालय की स्थापना
  - 371 (F) आन्ध्र प्रदेश – 371 (G) सिक्किम – 371 (H) मिजोरम
  - 371 (I) अरुणाचल प्रदेश 371 (J) गोआ

* क्र्नाटक (98 CAA - 2013) - कर्नाटक – हैदराबाद क्षेत्र के लोगों के लिए विशेष उपबन्ध

5वीं अनुसूची	6वीं अनुसूची
भारत के जनजातीय क्षेत्रों के लिए विशेष उपबन्ध	असम, मेघालय, त्रिपुरा, मिजोरम (जनजातीय क्षेत्रों/लोगों के लिए)

राजस्थान के विभिन्न राज्यपाल

* राजस्थान में 1 नवम्बर, 1956 तक राज्यपाल पद का नाम नहीं था। इसे राजप्रमुख कहा जाता था। उस समय जयपुर के राजप्रमुख राजा मानसिंह (30 मार्च, 1949 से 31 अक्टूबर, 1956) थे।
* राजस्थान में ग्रीष्मकाल में राजभवन जयपुर से माउण्ट आबू स्थानान्तरित होता है।
* 1 नवम्बर, 1956 से राजस्थान के प्रथम राज्यपाल वर्ष 1962 तक गुरुमुख निहाल सिंह रहे। इनको मिलाकर अब तक 6 ऐसे राज्यपाल हैं (लगातार प्रथम चार तथा बाद के दो), जिन्होंने अपना पाँच वर्ष का कार्यकाल पूर्ण किया। इनका विवरण निम्न है
  - गुरुमुख निहाल सिंह (1956-62)
  - डॉ. सम्पूर्णानन्द (1962-67)
  - सरदार हुकुम सिंह (1967-72)
  - सरदार जोगेन्दर सिंह (1972-77)
  - बलीराम भगत (1993-98)
  - कल्याण सिंह (सितम्बर, 2014–सितम्बर, 2019)
* राजस्थान में अब तक **तीन महिला राज्यपाल** रहीं हैं।
  - प्रतिभा देवी सिंह पाटिल (2004-07)
  - प्रभा राव (2009-10)
  - माग्रेट अल्वा (2012-14)
* राजस्थान में अब तक **चार ऐसे राज्यपाल** रहें, जिनका पद पर रहते हुए निधन हुआ
  - सरदार दरबारा सिंह (मई, 1998)
  - निर्मलचन्द जैन (मई-सितम्बर, 2003)
  - शैलेन्द्र कुमार सिंह (2007-09)
  - प्रभा राव
* राजस्थान राज्य के वर्तमान राज्यपाल हरिभाऊ बागडे हैं।

अध्याय 3 ~ मुख्यमन्त्री व मन्त्रिपरिषद्

- मुख्यमन्त्री और मन्त्रिपरिषद् को मिलाकर ही राज्य कार्यपालिका/राज्य सरकार कहा जाता है। हालाँकि इसमें राज्यपाल व महाधिवक्ता को भी रखा जाता है। संवैधानिक रूप से कार्यपालिका का प्रमुख राज्यपाल को माना जाता है, लेकिन व्यावहारिक रूप से शक्तियाँ मुख्यमन्त्री के नेतृत्व में मन्त्रिपरिषद् में निहित होती हैं।

मन्त्रिपरिषद् से सम्बन्धित महत्त्वपूर्ण अनुच्छेद

अनुच्छेद-163

- **163 (1)** राज्यपाल को उसके कार्यों में सहायता और सलाह देने के लिए एक मन्त्रिपरिषद् होगी, जिसका प्रधान मुख्यमन्त्री होगा।
- **163 (2)** राज्यपाल अपने स्वविवेक मामलों को लेकर मन्त्रिपरिषद् की सलाह मानने हेतु बाध्य नहीं होगा।
- **163 (3)** राज्यपाल सलाह मानने हेतु बाध्य नहीं होगा। मन्त्रिपरिषद् द्वारा राज्यपाल को दी गई सलाह का न्यायिक पुनरावलोकन नहीं होगा।

अनुच्छेद-164 मन्त्रियों के बारे में अन्य प्रावधान

- **164 (1)** मुख्यमन्त्री की नियुक्ति राज्यपाल करता है (बहुमत दल के नेता को) तथा मुख्यमन्त्री की सलाह से राज्य के अन्य मन्त्रियों की नियुक्ति करता है।
- भारत के राज्यों (मध्य प्रदेश, छत्तीसगढ़, ओडिशा, झारखण्ड) में राज्यपाल अनिवार्य रूप से जनजातियों के विकास हेतु जनजातीय मन्त्री की नियुक्ति करेगा।

नोट *94वाँ संविधान संशोधन अधिनियम, 2006 पहले छत्तीसगढ़, झारखण्ड के स्थान पर बिहार का नाम था, लेकिन इस संशोधन के माध्यम से बिहार को इस बाध्यता से मुक्त कर दिया गया।*

- राज्य की मन्त्रिपरिषद् राज्यपाल के प्रसादपर्यन्त कार्य करती है अर्थात् हम कह सकते हैं कि मन्त्रिपरिषद् व्यक्तिगत रूप से राज्यपाल के प्रति उत्तरदायी होती है।
- **अनुच्छेद-164(1) A** यह प्रावधान 91वें संविधान संशोधन अधिनियम, 2003 में जोड़ा गया।
  - राज्य में मन्त्रिपरिषद् की अधिकतम सदस्य संख्या (केन्द्र में भी) विधानसभा/लोकसभा की कुल सदस्य संख्या के 15% से अधिक नहीं होगी। (राजस्थान में अधिकतम मन्त्रियों की संख्या-30)
  - राज्य में मन्त्रिपरिषद् की न्यूनतम सदस्य संख्या 12 से कम नहीं होगी।

- **अनुच्छेद-164** (2) राज्य की मन्त्रिपरिषद् सामूहिक रूप से राज्य विधानसभा के प्रति उत्तरदायी होती है। (यदि विधानसभा भंग हुई, तो मन्त्रियों का जाना तय है।)
- **अनुच्छेद-164 (3)** सभी मन्त्री (मुख्यमन्त्री भी शामिल) पद व गोपनीयता की शपथ लेते हैं। इनकी शपथ के प्रारूप का उल्लेख संविधान की तीसरी अनुसूची में है।
- **अनुच्छेद-164 (4)** यदि किसी व्यक्ति को राज्य में मन्त्री/मुख्यमन्त्री बनाया जाए और वह किसी सदन का सदस्य न हो, तो 6 महीने के भीतर उसे राज्य के किसी-न-किसी सदन की सदस्यता लेना अनिवार्य है। (उदाहरण-महाराष्ट्र में उद्धव ठाकरे)
- अनुच्छेद-164 (5) मन्त्रियों के वेतन, भत्ते इत्यादि का निर्धारण राज्य विधानमण्डल विधि बनाकर करता है।

नोट *5 लाख - राष्ट्रपति*

4 लाख - राज्यसभा का सभापति, लोकसभा अध्यक्ष

3.50 लाख - राज्यपाल

2.80 लाख - सुप्रीम कोर्ट के मुख्य न्यायधीश (CJI)

2.50 लाख - सुप्रीम कोर्ट के अन्य न्यायाधीश, HC का CJ, CAG मुख्य चुनाव आयुक्त, UPSC अध्यक्ष, कैबिनेट सचिव

2.25 लाख - HC के अन्य न्यायाधीश

अनुच्छेद-165 राज्य का महाधिवक्ता

अनुच्छेद-166 राज्य सरकार की कार्यवाही का संचालन

- राज्य सरकार की समस्त कार्यपालिका कार्यवाही राज्यपाल के नाम से ही हुई मानी जाएगी।
- राज्यपाल के द्वारा दिए गए आदेशों की कानूनी मान्यता पर सवाल नहीं उठाया जा सकता।
- राज्यपाल मन्त्रियों के लिए कार्य आवण्टन के नियम बनाएगा।

नोट *राज्य के प्रशासन तथा उसके कार्यों को अभिव्यक्त करने वाला यही अनुच्छेद है।*

अनुच्छेद-167 मुख्यमन्त्री के कर्त्तव्य

- राज्य प्रशासन, कानूनी विषय एवं मन्त्रिपरिषद् द्वारा लिए गए निर्णयों से सम्बन्धित प्रत्येक जानकारी राज्यपाल को उपलब्ध कराए।

- यदि राज्यपाल, राज्य के प्रशासनिक कार्यों तथा राज्य की समस्त गतिविधियों की जानकारी माँगना चाहे, तो मुख्यमन्त्री का कर्त्तव्य है कि वह उसे जानकारी उपलब्ध कराए।
- किसी विषय पर केवल मन्त्री ने विचार किया हो, लेकिन उस विषय को मन्त्रिपरिषद् के समक्ष नहीं रखा गया हो, तो राज्यपाल की अपेक्षा किए जाने पर वह उस विषय को सम्पूर्ण मन्त्रिपरिषद् के समक्ष विचार-विमर्श हेतु रखेगा।

नोट राज्य का मुख्यमन्त्री राज्य के शासन का राजनैतिक और वास्तविक प्रमुख होता है, क्योंकि वह बहुमत दल का नेता, राज्य नामक नाव का कप्तान, राज्य की नीति का निर्माता तथा नीतियों को लागू करने और राज्य की जनता के प्रति मुख्य उत्तरदायी होता है।

- राज्य का मुख्यमन्त्री गठबन्धन सरकार में अपेक्षाकृत कमजोर हो सकता है, इसका कारण दलों की क्षेत्रीय राजनीति का हावी होना, बहुमत गिरने का डर होना तथा निर्णय निर्माण की क्षमता का कमजोर भी हो सकती है।
- राजस्थान की राज्य राजनीति में वर्ष 1952 से लेकर वर्तमान तक निम्न स्थिति देखने को मिलती है एवं इसे तीन चरणों में समझा जा सकता है

राजस्थान में राजनैतिक प्रतिस्पर्द्धा के विभिन्न चरण

- एक दल का वर्चस्व (1952-1977)
- संक्रमण काल (1977-1998)
- द्वि-दलीय राजनीति (1998-वर्तमान तक)
- **एक दल का वर्चस्व** वर्ष 1952-1977 तक केवल कांग्रेस का ही वर्चस्व रहा अर्थात् सत्ताधारी पार्टी कांग्रेस ही रही। एक दल के वर्चस्व में राजस्थान में वर्ष 1949-52 तक तीन मनोनीत मुख्यमन्त्री रहे हैं

1. **हीरालाल शास्त्री** (1949-51) वर्ष 1950 से पहले मुख्यमन्त्री का पदनाम 'प्रधानमन्त्री' था।
2. **सी. एस. वेंकटाचारी** (जनवरी-अप्रैल, 1951) ये एक ICS अधिकारी थे तथा ये कैबिनेट में भी ICS अधिकारी थे।
3. **जय नारायण व्यास** (अप्रैल, 1951-मार्च, 1952)
4. **टीकाराम पालीवाल** (मार्च, 1952 से अक्टूबर, 1952) (प्रथम निर्वाचित मुख्यमन्त्री)
5. **जयनारायण व्यास** (नवम्बर, 1952 से नवम्बर, 1954)

6. **मोहनलाल सुखाड़िया** (नवम्बर, 1954 से अप्रैल, 1957) सबसे लम्बा कार्यकाल -अप्रैल, 1957 से मार्च, 1962

- आधुनिक राजस्थान के निर्माता- मार्च, 1962 से मार्च, 1967
- चार बार मुख्यमन्त्री रहे- अप्रैल, 1967 से जुलाई, 1971

7. बरकतुल्लाह खान (जुलाई, 1971 से अक्टूबर, 1973)
8. हरिदेवजोशी (अक्टूबर, 1973 से अप्रैल, 1977)
9. भैरोसिंह शेखावत (22.6.1977 से 16.2.1980)
10. जगन्नाथ पहाड़िया (जून, 1980 से जुलाई, 1981)
11. शिवचरण माथुर (जुलाई, 1981 से फरवरी, 1985)
12. हीरालाल देवपुरा (सबसे छोटा कार्यकाल - मात्र 16 दिन) (23 फरवरी, 1985 से 10 मार्च, 1985)
13. हरिदेवजोशी (मार्च, 1985 से जनवरी, 1988)
14. शिवचरण माथुर (जनवरी, 1988 से दिसम्बर, 1989)
15. हरिदेवजोशी (दिसम्बर, 1989 से मार्च, 1990)
16. भैरोसिंह शेखावत (मार्च, 1990 से दिसम्बर, 1992), (दिसम्बर, 1993 से दिसम्बर, 1998)
17. अशोक गहलोत (दिसम्बर, 1998 से दिसम्बर, 2003)
18. वसुन्धरा राजे (दिसम्बर, 2003 से दिसम्बर, 2008)
19. अशोक गहलोत (2008-2013)
20. वसुन्धरा राजे (2013-2018)
21. अशोक गहलोत (2018)

सर्वाधिक कार्यकाल

(i) मोहनलाल सुखाड़िया — 4 बार

(ii) अशोक गहलोत, (iii) भैरोसिंह शेखावत, (iv) हरिदेवजोशी — 3 बार

(v) जयनारायण व्यास, (vi) वसुन्धरा राजे, (vii) शिवचरण माथुर — 2 बार

(viii) बरकतुल्लाह खान

- **वसुन्धरा राजे** (1989-2003) जो महिला सर्वाधिक समय तक राजस्थान से लोकसभा सांसद रही
- **बरकतुल्लाह खान, प्रभा राव एवं शैलेन्द्र कुमार सिंह** एकमात्र मुख्यमन्त्री, जिनका पद पर रहते हुए निधन हुआ।
- राजस्थान में अब तक 5 उपमुख्यमन्त्री रहे हैं

(i) टीकाराम पालीवाल (1952-54)
(ii) हरिशंकर भाभड़ा (1993-98)
(iii) बनवारी लाल बैरवा (2002-2003)
(iv) कमला बेनीवाल (जनवरी-दिसम्बर, 2003)
(v) सचिन पायलट (2018-2020)

अध्याय 4 ~ विधानसभा

- यह राज्य विधानमण्डल का प्रथम, लोकप्रिय तथा निम्न सदन है। इसमें जनता का प्रत्यक्ष प्रतिनिधित्व होने के कारण यह प्रतिनिधि सदन भी कहलाता है।
- विधानसभा एक अस्थायी सदन है, क्योंकि इसका अधिकतम कार्यकाल 5 वर्ष होता है। आपातकाल के दौरान इसका कार्यकाल एक वर्ष तक बढ़ाया जा सकता है।
- 5 वर्ष से पहले भी राज्यपाल विधानसभा का विघटन कर सकता है।

इसके मुख्य कारण निम्न हो सकते हैं

- राज्य में संवैधानिक ढाँचा विफल हो जाए और राज्यपाल की सिफारिश के बिना राष्ट्रपति शासन लग जाए।
- यदि केन्द्र के निर्देशों का राज्य पालन न करे और राज्य में आपातकाल लग जाए। उदाहरण- राजस्थान में वर्ष 1967 (VS निलम्बित), 1980, 1992
- मन्त्रिपरिषद् त्याग-पत्र दे दें।
- यदि विधानसभा में (विपक्ष द्वारा) अविश्वास प्रस्ताव पारित हो जाए या सत्ता पक्ष विश्वास मत हासिल न कर पाए।

- यदि एक बार विधानसभा भंग हो गई, तो 6 महीनों में चुनाव होना अनिवार्य है।
- विधानसभा के सदस्यों का कार्यकाल 5 वर्ष होता है। इन्हें 5 वर्ष से पहले हटाए जाने के निम्न कारण हो सकते हैं
- अनुच्छेद-191 में चार कारण लिखे हैं
  - लाभ का पद
  - मानसिक विक्षिप्तता
  - घोषित दिवालिया
  - विदेशी राज्य की नागरिकता
  - राज्यपाल द्वारा ECI के अध्यक्ष की सलाह से
- दल-बदल सदन के अध्यक्ष द्वारा हटाया जा सकता है।
- विधायकों की योग्यता
  - भारत का नागरिक
  - 25 वर्ष की आयु
  - ऐसी कोई विधि, जो संसद निर्धारित करे (जन प्रतिनिधित्व अधिनियम, 1951)
- विधानसभा के सदस्यों का चुनाव प्रत्यक्ष रूप से जनता द्वारा, क्षेत्रीय प्रतिनिधित्व के आधार पर होता है।
- इनका चुनाव भारत का चुनाव आयोग करवाता है।

***नोट** अनुच्छेद-333 के आधार पर राज्यपाल चाहे, तो विधानसभा में एक एंग्लो इण्डियन सदस्य मनोनीत कर सकता है, लेकिन यह प्रावधान 104AA के माध्यम से समाप्त कर दिया गया।*

- अनुच्छेद-332 के द्वारा विधानसभा में SC/ST की सीटों का आरक्षण देय होगा
  - SC-34,
  - ST-25,
  - General-151
- चुनाव हेतु जनगणना का आधार वर्ष - 2001 है, जो कि 2026 तक अपरिवर्तित रहेगा।
- जब नई विधानसभा चुनकर आती है, तो सबसे वरिष्ठ और अनुभवी व्यक्ति को राज्यपाल द्वारा अन्तरिम/प्रोटेम स्पीकर नियुक्त किया जाता है (जिसे शपथ राज्यपाल दिलाता है।)
- प्रोटेम स्पीकर के दो मुख्य कार्य निम्नलिखित हैं
  - सभी निर्वाचित सदस्यों को (राज्यपाल का प्रतीनिधि बनकर) शपथ दिलाना।
  - सदस्यों में से अध्यक्ष और उपाध्यक्ष का चुनाव करवाना।

अनुच्छेद-170 विधानसभा का गठन/संरचना का प्रावधान

- इसमें वर्णित है कि किसी राज्य की विधानसभा में अधिकतम सदस्यों की संख्या 500, जबकि न्यूनतम 60 हो सकती है, लेकिन इसके कुछ अपवाद हैं, जो निम्न हैं
  - नागालैण्ड व मिजोरम - न्यूनतम संख्या 40
  - सिक्किम, गोवा, अरूणाचल प्रदेश तथा पुदुचेरी- न्यूनतम सदस्य संख्या 30
- सदस्यों के आधार पर सबसे बड़ी विधानसभा उत्तर प्रदेश (403 सीटें) की है।
  - सिक्किम - 32
  - पुदुचेरी - 30
- राजस्थान की विधानसभा में 200 विधायक हैं।

***नोट** केन्द्र स्तर पर जिस तरह का सदन लोकसभा है, राज्य स्तर पर उसी तरह का सदन विधानसभा है।*

विधानपरिषद्

- अनुच्छेद-168 में प्रावधान है कि राज्य का विधानमण्डल एक राज्यपाल और कुछ राज्यों में दो सदन/सभी राज्यों में विधानसभा से मिलकर बनेगा।
- द्वि-सदनीय विधानमण्डल केवल 6 राज्यों में है
  - (i) बिहार (75)
  - (ii) उत्तर प्रदेश (100)
  - (iii) महाराष्ट्र (78)
  - (iv) कर्नाटक (75)
  - (v) आन्ध्र प्रदेश (58)
  - (vi) तेलंगाना (40)
- भारत में आजादी से पहले तथा आजादी के बाद कई राज्यों में विधानपरिषद् का निर्माण हुआ, तो बाद में इन्हीं राज्यों ने विधानपरिषद् को समाप्त किया

क्र.सं.	राज्य	निर्माण	समाप्ति
1.	बम्बई	1862	1960
2.	असम	1935	1969
3.	पश्चिम बंगाल	1952	1969
4.	पंजाब	1956	1969
5.	मध्य प्रदेश	1956	1969
6.	तमिलनाडु	1956	1986
7.	जम्मू कश्मीर	1957	2019

यह भी जानें...

आन्ध्र प्रदेश ऐसा राज्य है, जहाँ वर्ष 1985 में विधानपरिषद् को समाप्त किया गया तथा वर्ष 2007 में इसे पुनः लाया गया, लेकिन हाल ही में इसे पुनः समाप्त करने का प्रस्ताव आन्ध्र प्रदेश की विधानसभा ने संसद में भेजा है। राजस्थान और असम ऐसे राज्य हैं, जहाँ विधानपरिषद् का प्रस्ताव व पारित हो चुका था, लेकिन गठन नहीं हो पाया।

अनुच्छेद-169 विधानपरिषद् का सृजन एवं समाप्ति

- इसके दो चरण हो सकते हैं
  - सम्बन्धित राज्य की विधानसभा इसके लिए विशेष बहुमत से प्रस्ताव पारित करे और संसद को भेज दे।
  - यदि संसद इस प्रस्ताव को साधारण बहुमत से पारित कर दे, तो विधानपरिषद् को बनाया या मिटाया जा सकता है।
- विधानपरिषद् कई मामलों में राज्यसभा के समान है, लेकिन इसमें निम्न अन्तर हो सकते हैं
  - राज्यसभा का कभी विघटन नहीं होता, लेकिन विधानपरिषद् को समाप्त किया जा सकता है।
  - राज्यसभा का सभापति, राज्यसभा का सदस्य नहीं होता, लेकिन विधानपरिषद् में सभापति सदस्यों में से बनता है। सभापति, उपसभापति को और उपसभापति, सभापति को त्याग-पत्र देता है।
  - कानून निर्माण की प्रक्रिया को लेकर भी इसकी शक्तियाँ राज्यसभा से कम हैं, जैसे राज्यसभा धन विधेयक को छोड़कर अन्य किसी भी विधेयक को 6 महीने तक रोक सकती है और संयुक्त अधिवेशन का भी प्रावधान है, लेकिन राज्यों में विधानपरिषद्, विधानसभा द्वारा पारित विधेयक को प्रथम बार में तीन महीने, जबकि दूसरी बार में केवल एक महीने तक रोकने की सलाहकारी शक्ति रखती है। राज्यों में संयुक्त अधिवेशन नहीं होता है।

राज्यसभा और विधानपरिषद् में समानता

- दोनों उच्च सदन, द्वितीय सदन तथा स्थाई सदन हैं। विधानपरिषद् तब तक स्थाई है, जब तक उसे भंग करने का प्रस्ताव न लाया जाए।
- दोनों में सदस्यों का चुनाव अप्रत्यक्ष होता है तथा सदस्यों का कार्यकाल 6 वर्ष होता है, जिनमें से 1/3 सदस्य प्रत्येक 2 वर्ष में अवकाश ग्रहण करते हैं।
- धन विधेयक को रोकने की अधिकतम 14 दिन की सलाहकारी शक्ति प्राप्त है।
- दोनों सदन Backdoor Entry के लिए प्रसिद्ध है।
- सभापति, उपसभापति को हटाने के लिए पूर्ण बहुमत से संकल्प पारित करता है।

नोट *भारत के छोटे राज्यों में विधानपरिषद् का गठन प्रासंगिक नहीं है, जबकि उत्तर प्रदेश जैसे बड़े राज्यों में विधानपरिषद् अनिवार्य है।*

अनुच्छेद-171 विधानपरिषद् का गठन/संरचना

- किसी राज्य की विधानपरिषद् में अधिकतम सदस्य संख्या विधानसभा के कुल सदस्यों का 1/3 भाग होती है तथा न्यूनतम सदस्य संख्या 40 हो सकती है।
- विधानपरिषद् में कुल सदस्यों का 5/6 सदस्य निर्वाचित और 1/6 सदस्य मनोनीत होते हैं।
- विधानपरिषद् के सदस्यों को Member of Legislative Council, MLC कहा जाता है।

अध्याय 5 ~ उच्च न्यायालय

- संविधान के भाग-6, अनुच्छेद-214 से 231 तक उच्च न्यायालय गठन, स्वतन्त्रता, न्यायक्षेत्र, शक्तियाँ और प्रक्रिया आदि के बारे में बताया गया है।
- उच्च न्यायालय उच्चतम न्यायालय से नीचे और अधीनस्थ न्यायालयों के ऊपर कार्य करता है।
- सर्वप्रथम 1862 ई. में कोल... ...म्बई और मद्रास उच्च न्यायालय की स्थापना की गई। 1866 ई. में इलाहाबाद में उच्च न्यायालय स्थापित किया गया।
- वर्ष 1947 से पहले देश में 11 प्रान्त थे, सभी प्रान्तों में उच्च न्यायालय स्थापित कर दिए गए थे।

उच्च न्यायालय से सम्बन्धित महत्त्वपूर्ण अनुच्छेद

अनुच्छेद-214

- संविधान के अनुच्छेद-214 में कहा गया है कि प्रत्येक राज्य के लिए एक उच्च न्यायालय होगा, परन्तु 7वें **संविधान संशोधन अधिनियम**, 1956 के द्वारा संसद को यह शक्ति प्रदान की गई है कि अनुच्छेद-231 के अन्तर्गत संसद, विधि द्वारा दो या दो से अधिक राज्यों के लिए अथवा दो से अधिक राज्यों और किसी संघ राज्य क्षेत्र के लिए एक **साझे उच्च न्यायालय** की स्थापना कर सकती है।

साझे उच्च न्यायालय

- गुवाहाटी उच्च न्यायालय - असम, अरुणाचल प्रदेश, नागालैण्ड, मिजोरम।
- बम्बई उच्च न्यायालय - महाराष्ट्र, गोवा, दमन दीव व दादर नागर हवेली।
- पंजाब और हरियाणा उच्च न्यायालय - पंजाब, हरियाणा, चण्डीगढ़।
- कलकत्ता उच्च न्यायालय - पश्चिम बंगाल, अण्डमान-निकोबार।
- मद्रास उच्च न्यायालय - तमिलनाडु, पुदुचेरी।
- केरल उच्च न्यायालय - केरल, लक्षद्वीप।
- जम्मू उच्च न्यायालय - जम्मू कश्मीर, लद्दाख

वर्तमान में (25) उच्च न्यायालय

- वर्तमान में 25 उच्च न्यायालय है। 25वाँ उच्च न्यायालय 1 जनवरी, 2019 को आन्ध्र प्रदेश के अमरावती में स्थापित हुआ।
- वर्ष 2013 में तीन उच्च न्यायालय बने

  (i) मणिपुर (ii) त्रिपुरा (iii) मेघालय
- दिल्ली और जम्मू-कश्मीर ऐसे संघ राज्य क्षेत्र हैं, जिनका अपना उच्च न्यायालय है।
- किसी उच्च न्यायालय के न्यायिक क्षेत्र में विस्तार करने सम्बन्धी शक्ति संसद को प्राप्त है।
- अनुच्छेद-214 में यह उल्लेखित है कि संसद कानून बनाकर किसी उच्च न्यायालय का विस्तार संघ शासित प्रदेश के लिए कर सकती है।
- अनुच्छेद- 241 के अनुसार, संसद कानून बनाकर संघ राज्य क्षेत्र के लिए भी उच्च न्यायालय का प्रावधान कर सकती है।
- उच्च न्यायालय के न्यायाधीशों की संख्या का निर्धारण राष्ट्रपति करते हैं, जबकि सुप्रीम कोर्ट के न्यायाधीशों की संख्या का निर्धारण संसद करती है।

न्यायाधीशों की नियुक्ति व शपथ

- अनुच्छेद-217 के अनुसार, उच्च न्यायालय के न्यायाधीशों की नियुक्ति राष्ट्रपति करता है।
- एक मुख्य न्यायाधीश और आवश्यकतानुसार अन्य न्यायाधीश।
- मुख्य न्यायाधीशों की नियुक्ति राष्ट्रपति द्वारा भारत के मुख्य न्यायाधीश और सम्बन्धित राज्य के राज्यपाल से परामर्श के बाद की जाती है तथा अन्य न्यायाधीशों की नियुक्ति में राज्य के मुख्य न्यायाधीश से भी परामर्श किया जाता है।
- एक से अधिक राज्यों की स्थिति में अनुच्छेद-217 के तहत किसी उच्च न्यायालय के मुख्य न्यायाधीश की नियुक्ति के समय राष्ट्रपति सभी सम्बन्धित राज्यों के राज्यपाल से परामर्श करेगा।
- वर्तमान में नियुक्तियाँ कॉलेजियम प्रणाली से होती है।
- इस हेतु राष्ट्रपति, भारत के मुख्य न्यायाधीश (CJI) और दो अन्य वरिष्ठतम न्यायाधीशों से सलाह लेता है।

* राज्य स्तर भी अलग से कॉलेजियम होता है। उच्च न्यायालय के मुख्य न्यायाधीश तथा दो वरिष्ठतम न्यायाधीश इस **कॉलेजियम के सदस्य** होते हैं। राज्य स्तर का कॉलेजियम ही न्यायाधीशों की नियुक्ति के सन्दर्भ में पहल करता है।
* अनुच्छेद-233 में यह उल्लेखित है कि जिला न्यायाधीशों की नियुक्ति राज्यपाल द्वारा की जाएगी। इसमें यह स्पष्ट उल्लेखित है कि राज्यपाल इस सन्दर्भ में उच्च न्यायालय से परामर्श करेगा।
* उच्च न्यायालय के न्यायाधीशों को शपथ राज्यपाल दिलाता है।

न्यायाधीशों की योग्यताएँ

* संविधान के अनुच्छेद-217 (2) के अनुसार, उच्च न्यायालय के न्यायाधीशों के लिए निम्नलिखित योग्यताएँ निर्धारित की गई हैं
  (i) वह भारत का नागरिक हो।
  (ii) भारत में कम-से-कम 10 वर्ष तक किसी न्यायिक पद पर आसीन रहा हो।
  (iii) किसी भी राज्य के उच्च न्यायालय में अथवा विभिन्न उच्च न्यायालयों में कम-से-कम 10 वर्ष तक अधिवक्ता रहा हो।
* उच्चतम न्यायालय के विपरीत प्रख्यात न्यायविदों को उच्च न्यायालय में न्यायाधीश नियुक्ति करने का कोई प्रावधान नहीं है तथा कोई न्यूनतम आयु सीमा भी नहीं है।

कार्यकाल

* 62 वर्ष की आयु तक पद पर बना रहता है। (15 वे संविधान संशोधन, 1963 के द्वारा आयु 62 की गई) आयु के सम्बन्ध में किसी प्रश्न पर राष्ट्रपति भारत के मुख्य न्यायाधीश से परामर्श करके निर्णय करता है। संविधान समीक्षा आयोग ने भी न्यायाधीशों की सेवानिवृत्ति आयु को 62 वर्ष से बढ़ाकर 65 वर्ष करने की अनुशंसा की थी।

हटाने की प्रक्रिया

* उच्च न्यायालय के न्यायाधीशों को उच्चतम न्यायालय के न्यायाधीशों को हटाने की प्रक्रिया के समान हटाया जा सकता है।
* संसद द्वारा विशेष बहुमत से पारित प्रस्ताव के बाद **राष्ट्रपति अनुच्छेद-217** (1) की रीति से पद से इन्हें हटा सकता है। यह रीति उच्चतम न्यायालय के न्यायाधीशों के समान है।

- (अनुच्छेद-219) उच्च न्यायालय के न्यायाधीशों को अपने पदासीन होने से पूर्व राज्य के राज्यपाल या उसके द्वारा नियुक्त किए गए किसी अधिकारी के सम्मुख संविधान के प्रति निष्ठावान रहते हुए तथा कर्त्तव्य का ईमानदारी से पालन करने की शपथ ग्रहण करनी पड़ती है।

न्यायाधीशों पर निर्बन्धन

- अनुच्छेद-220 के अनुसार, यदि कोई उच्च न्यायालय में स्थायी न्यायाधीश के रूप में कार्य कर चुका है, तो वह उच्चतम न्यायालय तथा अन्य उच्च न्यायालयों के अतिरिक्त किसी न्यायालय या प्राधिकारी के समक्ष वकालत या कार्य नहीं करेगा।

वेतन तथा भत्ते

- अनुच्छेद-221 के अनुसार, उच्च न्यायालय के न्यायाधीशों को ऐसा वेतन दिया जाएगा, जो संसद, विधि द्वारा निर्धारित करे। उच्च न्यायालय के मुख्य न्यायाधीश तथा अन्य न्यायाधीशों को क्रमशः 2,50,000 व 2,25,000 रुपए प्रतिमाह वेतन दिया जाता है। न्यायाधीशों के वेतन तथा भत्ते राज्य की संचित निधि में से दिए जाते हैं, परन्तु पेंशन भारत की संचित निधि से प्रदान की जाती है तथा उनके कार्यकाल में उन्हें कम नहीं किया जा सकता है।
- उच्च न्यायालय के न्यायाधीशों को वेतन सम्बन्धित राज्य की संचित निधि से, जबकि पेंशन भारत की संचित निधि से मिलती है।

स्थानान्तरण व अन्य प्रावधान

- राष्ट्रपति उच्च न्यायालय के एक न्यायाधीश का दूसरे उच्च न्यायालय में स्थानान्तरण कर सकते हैं।
- संविधान के अनुच्छेद-222 के अनुसार, राष्ट्रपति भारत के मुख्य न्यायाधीश से परामर्श करने के पश्चात् किसी न्यायाधीश का एक उच्च न्यायालय से दूसरे उच्च न्यायालय में स्थानान्तरण कर सकता है।
- स्थानान्तरण पर परामर्श का कॉलेजियम (i) CJI व 4 वरिष्ठ उच्चतम न्यायालय जज, (ii) स्थानान्तरित होने वाले व स्थानान्तरित किए गए उच्च न्यायालय के मुख्य न्यायाधीशों से परामर्श।
- वर्ष 1977 में उच्चतम न्यायालय ने व्यवस्था दी है कि स्थानान्तरण केवल अपवादस्वरूप और लोक कल्याण को ध्यान में रखकर किया जाए न कि दण्ड के रूप में।

- किसी उच्च न्यायालय में यदि मुख्य न्यायाधीश का पद रिक्त हो या अस्थायी अनुपस्थिति हो, तो राष्ट्रपति कार्यकारी **मुख्य न्यायाधीश** नियुक्त कर सकता है।
- यदि उच्च न्यायालय का कामकाज बढ़ गया हो या कार्य बकाया बहुत अधिक है, तो राष्ट्रपति 2 वर्ष की अवधि के लिए अस्थायी अतिरिक्त न्यायाधीशों की नियुक्ति कर सकते हैं। उच्च न्यायालय का मुख्य न्यायाधीश, **राष्ट्रपति की पूर्व संस्तुति** और सम्बन्धित व्यक्ति की मंजूरी के बाद उच्च न्यायालय में सेवानिवृत्त न्यायाधीश को अस्थायी कार्यकारी न्यायाधीश का काम करने के लिए कह सकते हैं।
- **कार्यकारी मुख्य न्यायमूर्ति की नियुक्ति**, (अनुच्छेद-223) जब उच्च न्यायालय के मुख्य न्यायमूर्ति का पद रिक्त है या अनुपस्थित अथवा अन्य कारण से वह अपने कर्त्तव्यों का पालन करने में असमर्थ है, तो राष्ट्रपति अन्य न्यायाधीशों में से एक को कार्यकारी मुख्य न्यायमूर्ति नियुक्त कर सकता है। राष्ट्रपति अतिरिक्त कार्य को निपटाने के लिए अधिकतम दो वर्ष के लिए अतिरिक्त या अपर न्यायाधीशों की भी नियुक्ति कर सकता है।
- **अपर और कार्यकारी न्यायाधीशों की नियुक्ति** (अनुच्छेद-224) जब किसी उच्च न्यायालय में कार्य की अस्थायी वृद्धि हो जाती है और राष्ट्रपति को यह प्रतीत होता है कि बकाया कार्य को निपटाने के लिए और अधिक न्यायाधीशों की आवश्यकता है, तब राष्ट्रपति उस न्यायालय में न्यायाधीश होने की अर्हता रखने वाले किसी व्यक्ति को दो वर्ष से अधिक अवधि के लिए अपर न्यायाधीश नियुक्त कर सकता है।
- जब किसी उच्च न्यायालय का कोई न्यायाधीश अनुपस्थिति के कारण या किसी अन्य कारण से अपने पद के कर्त्तव्यों का पालन करने में असमर्थ होता है, तब राष्ट्रपति उस न्यायालय में न्यायाधीश की अर्हता रखने वाले किसी व्यक्ति को कार्यकारी न्यायाधीश नियुक्त कर सकता है।
- (अनुच्छेद-224) अपर या कार्यकारी न्यायाधीश के रूप में नियुक्त कोई भी व्यक्ति 62 वर्ष तक ही अपना पद धारण कर सकता है।

उच्च न्यायालय की अधिकारिता

- यह राज्य में अपील करने का सर्वोच्च न्यायालय होता है तथा मूल अधिकारों का रक्षक होता है। इसके पास संविधान की व्याख्या करने का अधिकार भी होता है। इसके अतिरिक्त इसकी पर्यवेक्षक की भूमिका होती है। उच्च न्यायालय की अधिकारिता राज्यक्षेत्रीय (राज्य के क्षेत्र तक सीमित) ही होती है।

आरम्भिक अधिकारिता (अनुच्छेद-225)

- विवाह, तलाक, उत्तराधिकार, वसीयत, कम्पनी मामले।
- मूल अधिकारों के हनन के मामले।
- सांसदों व राज्य विधानमण्डल के सदस्यों के चुनाव से सम्बन्धित विवाद।
- राजस्व तथा राजस्व संग्रहण से सम्बन्धित मामले।

रिट अधिकारिता (अनुच्छेद-226)

- अनुच्छेद - 226 के तहत उच्च न्यायालय पाँच प्रकार की रिट जारी कर सकता है
  (i) बन्दी प्रत्यक्षीकरण (ii) परमादेश (iii) प्रतिषेध
  (iv) उत्प्रेक्षण (v) अधिकार पृच्छा
- अनुच्छेद-226 के तहत रिट जारी करने की शक्ति उच्च न्यायालय का स्वविवेकीय उपचार है अर्थात् उच्च न्यायालय रिट जारी करने से अस्वीकार कर सकता है। उच्च न्यायालय मूल अधिकारों के अतिरिक्त अन्य **अधिकारों के उल्लंघन** के मामले में भी **रिट** जारी कर सकता है, जबकि उच्चतम न्यायालय मूल अधिकारों के उल्लंघन के मामले में ही रिट जारी कर सकता है।

पर्यवेक्षीय/अधीक्षण क्षेत्राधिकार

- अनुच्छेद-227 के अन्तर्गत संविधान द्वारा उच्च न्यायालय को अधीनस्थ न्यायालयों के पर्यवेक्षण, अधीक्षण तथा नियन्त्रण की शक्ति प्रदान की गई है। इसके अन्तर्गत उच्च न्यायालय को राज्यपाल के परामर्श से जिला न्यायाधीशों की नियुक्ति एवं पदोन्नति सम्बन्धी शक्ति प्राप्त है।
- उच्च न्यायालय को अधीनस्थ न्यायालयों के प्रशासनिक व न्यायिक अधीक्षण करने की शक्ति प्राप्त है।
- उच्चतम न्यायालय के पास अधीक्षण की शक्ति नहीं है।
- अधीक्षण में प्रशासनिक व न्यायिक दोनों प्रकार के कार्य आते हैं।
- इसका प्रयोग तब किया जाता है, जब कोई अधीनस्थ न्यायालय या न्यायाधिकरण अपने कार्य क्षेत्र व अधिकार क्षेत्र की सीमा लांघता है, विधि सम्बन्धी भूल करता है, प्राकृतिक न्याय के नियमों का स्पष्ट उल्लंघन करता है या अनुचित निष्कर्ष निकालता है।

अपीलीय अधिकारिता

- जिला न्यायालय व सत्र न्यायालय के निर्णय के विरुद्ध उच्च न्यायालय में अपील की जा सकती है।
- उच्च न्यायालय की एकल पीठ के निर्णय के विरुद्ध उच्च न्यायालय की खण्डपीठ में अपील की जा सकती है।
- मृत्युदण्ड के सभी मामलों में उच्च न्यायालय में अपील की जा सकती है।

अभिलेखीय न्यायालय व न्यायालय की अवमानना (अनुच्छेद-215)

- उच्च न्यायालय द्वारा किए गए निर्णय अन्य न्यायालयों के लिए अनुकरणीय होंगे।
- अन्य न्यायालय उन निर्णयों की समीक्षा या आलोचना नहीं कर सकते हैं।
- न्यायालय की अवमानना पर 6 माह की सजा या दो हजार रुपए जुर्माना अथवा दोनों की सजा दी जा सकती है।

न्यायिक पुनरावलोकन की शक्ति

- उच्चतम न्यायालय की भाँति राज्य के उच्च न्यायालयों को भी कानून सम्बन्धी न्यायिक पुनर्विलोकन का अधिकार प्राप्त है। उच्च न्यायालय, संसद तथा राज्य विधानमण्डल द्वारा बनाए किसी ऐसे कानून को असंवैधानिक घोषित कर सकते हैं, जो संविधान के किसी अनुच्छेद के विरुद्ध हो, परन्तु उच्च न्यायालय के ऐसे निर्णय के विरुद्ध उच्चतम न्यायालय में अपील की जा सकती है।
- इस प्रकार उच्च न्यायालय, संसद व राज्य विधानमण्डल द्वारा पारित किए गए अधिनियमों तथा केन्द्र व राज्य सरकार द्वारा जारी किए गए आदेशों की समीक्षा कर सकता है तथा उन्हें शून्य घोषित कर सकता है। ये निर्णय केवल राज्य में लागू होंगे।
- (अनुच्छेद-227) उच्च न्यायालय राज्य में स्थित अन्य अधीनस्थ न्यायालयों का अधीक्षण कर सकता है।
- अनुच्छेद-230 के अनुसार, संसद कानून द्वारा किसी राज्य के उच्च न्यायालय के अधिकार क्षेत्र में न्यायिक कार्यों के लिए किसी केन्द्र शासित प्रदेश को सम्मिलित कर सकती है या उसको अधिकार क्षेत्र से बाहर निकाल सकती है।

राजस्थान का उच्च न्यायालय

- राजस्थान उच्च न्यायालय की स्थापना की अधिसूचना 25 अगस्त, 1950 को जारी की गई। 29 अगस्त, 1949 को राजस्थान उच्च न्यायालय का उद्घाटन किया गया।

यह उद्घाटन राजस्थान के तत्कालीन राजप्रमुख 'सवाई मानसिंह द्वितीय' ने किया था। उस समय इस न्यायालय में 12 न्यायाधीश थे।

- कमलकान्त वर्मा इसके पहले मुख्य न्यायाधीश थे, जबकि संविधान लागू होने के बाद कैलाशनाथ वांचु इसके पहले मुख्य न्यायाधीश बने।
- राजस्थान एकीकरण के समय जोधपुर, जयपुर, बीकानेर, उदयपुर और अलवर पाँच उच्च न्यायालय थे।
- राजस्थान उच्च न्यायालय अध्यादेश 1949 को 21 जून 1949 में जारी कर इन पाँच उच्च न्यायालयों का क्षेत्राधिकार समाप्त कर दिया और पूरे राज्य के लिए एक उच्च न्यायालय का स्थान 'जोधपुर' रखा गया।
- 8 मई, 1950 को राजप्रमुख ने वर्ष 1949 के उपयुक्त अध्यादेश की धारा-10 के अन्तर्गत अधिसूचना जारी करते हुए राजस्थान उच्च न्यायालय की पीठें बीकानेर, कोटा और उदयपुर को 22 मई, 1950 में समाप्त कर दिया।
- राज्य पुनर्गठन अधिनियम, 1956 के द्वारा राजस्थान सहित (ख) श्रेणी, सभी राज्यों के मौजूद उच्च न्यायालय और अजमेर के न्यायालय समाप्त कर दिए गए एवं अधिनियम की धारा-49 (2) के तहत राजस्थान उच्च न्यायालय की स्थापना का उपबन्ध किया गया।
- राजस्थान उच्च न्यायालय में वर्तमान में 50 न्यायाधीशों के पद स्वीकृत हैं।
- 27 अक्टूबर, 1956 को भारत सरकार ने सूचना जारी की कि 1 नवम्बर, 1956 से नव सृजित राजस्थान राज्य की राजधानी 'जयपुर' रहेगी और राजस्थान उच्च न्यायालय का स्थान (मुख्यपीठ) जोधपुर रहेगा। वर्ष 1956 के राज्य पुनर्गठन अधिनियम की धारा-51(3) के तहत उच्च न्यायालय के मुख्य न्यायाधीश राज्यपाल से अनुमोदन प्राप्त कर अन्य स्थानों पर अस्थायी पीठों को स्थापित करने का उपबन्ध था। इसी के तहत राजस्थान उच्च न्यायालय के मुख्य न्यायाधीश ने 1 नवम्बर, 1956 को जयपुर में राजस्थान उच्च न्यायालय की अस्थायी पीठ स्थापित की।
- 1 नवम्बर, 1956 को 6 न्यायाधीशों ने राजस्थान उच्च न्यायालय के न्यायाधीश पद पर नई शपथ ली। इनमें से न्यायाधीश बापना, न्यायाधीश राणावत, न्यायाधीश शर्मा और न्यायाधीश भण्डारी जयपुर की अस्थायी पीठ तथा न्यायाधीश दवे और न्यायाधीश मोदी की जोधपुर की मुख्यपीठ पर बैठते थे। मुख्य न्यायाधीश कैलाशनाथ वान्चू दोनों जगह बैठते थे।

- जुलाई, 1957 में भारत सरकार ने पी. सत्यनारायण राव, वी. विश्वनाथन और बी. के. गुप्ता की एक समिति गठित की। समिति ने फरवरी, 1958 में अपनी रिपोर्ट दी, जिसमें जयपुर को राजस्थान की राजधानी बनाए रखने और जोधपुर में राजस्थान उच्च न्यायालय का स्थान बनाए रखने की सिफारिश की, किन्तु समिति ने उच्च न्यायालय की जयपुर की अस्थायी पीठ को समाप्त करने की भी सिफारिश की। इस सिफारिश को मानते हुए वर्ष 1958 में जयपुर की अस्थायी पीठ समाप्त कर दी गई, किन्तु राज्य पुनर्गठन अधिनियम, 1956 की धारा-51 (2) में प्रदत्त शक्तियों का प्रयोग करते हुए राष्ट्रपति ने 8 दिसम्बर, 1976 को राजस्थान उच्च न्यायालय (जयपुर स्थायी पीठ की स्थापना) आदेश, 1976 के द्वारा जयपुर में स्थायी पीठ की स्थापना की। इस आदेश के तहत 31 जनवरी, 1977 से जयपुर में स्थायी पीठ ने कार्य प्रारम्भ किया। इस आदेश में जयपुर स्थायी पीठ में न्यूनतम 5 न्यायाधीशों और उसके क्षेत्राधिकार का भी प्रावधान किया गया।
- सबसे अधिक समय तक मुख्य न्यायाधीश-कैलाशनाथ वांचू
- सबसे कम समय तक मुख्य न्यायाधीश-सतीश कुमार मित्तल (41 दिन)
- जोधपुर में राजस्थान उच्च न्यायालय के नवीन भवन का लोकार्पण राष्ट्रपति रामनाथ कोविन्द ने 7 दिसम्बर, 2019 को किया था।

अधीनस्थ न्यायालय (भाग-6, अनुच्छेद-233 से 237 तक)

- **अनुच्छेद-233** राज्यपाल उस व्यक्ति को जिला न्यायाधीश नियुक्त कर सकता है, जो संघ या राज्य की सेवा में पहले से न हो, कम-से-कम 7 वर्ष तक अधिवक्ता रहा हो और उसकी नियुक्ति के लिए उच्च न्यायालय ने सिफारिश की हो।
- **अनुच्छेद-234** जिला न्यायाधीशों से भिन्न व्यक्तियों की किसी राज्य की न्यायिक सेवा में नियुक्त उस राज्य के राज्यपाल द्वारा राज्य लोकसेवा आयोग से तथा ऐसे राज्य के सम्बन्ध में अधिकारिता का प्रयोग करने वाले उच्च न्यायालय से परामर्श के बाद की जाएगी।
- **अनुच्छेद-235** अधीनस्थ न्यायालयों पर नियन्त्रण।
- **अनुच्छेद-237** इसमें निम्न प्रावधान हैं।
  - कुछ वर्गों के मजिस्ट्रेटों पर इस अध्याय के उपबन्धों को लागू करना।
  - अधीनस्थ न्यायालयों में एक जिला न्यायाधीश का न्यायालय दूसरा मुसिफ न्यायाधीश का न्यायालय होता है।

- जिला स्तर के अधीनस्थ न्यायालय को जिला न्यायाधीश या सत्र न्यायाधीश के नाम से जाना जाता है।
- जिला न्यायाधीश और सत्र न्यायाधीश का न्यायालय जिला स्तर पर आरम्भिक क्षेत्राधिकार का मुख्य न्यायालय होता है।
- संविधान के प्रावधान के अनुसार, एक ही अधिकारी दीवानी और फौजदारी कानूनों के तहत कार्य करता है और वह जिला व सत्र न्यायाधीश के नाम से जाना जाता है।
- न्यायाधीश जब दीवानी मामलों की सुनवाई करता है, तो उसे जिला न्यायाधीश कहा जाता है और जब फौजदारी मामलों की सुनवाई करता है, तो उसे सत्र न्यायाधीश कहा जाता है।
- जिला न्यायाधीश को किसी अपराधी को उम्र कैद से लेकर मृत्युदण्ड देने का अधिकार होता है।

अध्याय 6 ~ पंचायती राज

- पंचायती राज ग्रामीण भारत में स्थानीय स्वशासन की एक प्रणाली है। इसमें पंचायती राज संस्थाएँ (पी.आर.आई.) शामिल हैं, जो गाँवों पर शासन करती हैं और सरकारी योजनाओं को लागू करती हैं। यह प्रणाली भारतीय संविधान के भाग-IX में परिभाषित है और विभिन्न स्तरों पर संचालित होती है। इसमें ग्राम स्तर पर ग्राम पंचायतें, ब्लॉक स्तर पर पंचायत समिति और जिला स्तर पर जिला परिषद् शामिल है।

भारत में पंचायती राज का विकास

- वैदिक राज्य, जो एक ग्रामीण राज्य था, में गाँव प्राथमिक प्रशासनिक इकाई के रूप में कार्य करता था। इसका प्रमुख ग्रामिणी एक प्रमुख अधिकारी था। वह राजा के राज्याभिषेक समारोह में एक सम्मानित अधिकारी के साथ ही विभिन्न कार्यों में राजा का सहायक भी था।
- वहीं ऋग्वेद में स्थानीय स्व-इकाइयों के रूप में सभा, समिति और विदथ का उल्लेख भी मिलता है। ये संस्थाएँ ग्रामीण स्तर पर तत्कालीन लोकतान्त्रिक निकाय थीं। राजा द्वारा किए कुछ कार्यों और निर्णयों के सम्बन्ध में इन निकायों की स्वीकृति प्राप्त करना अनिवार्य था।
- मध्यकाल में भी गाँव का मुख्य अधिकारी ग्राम प्रधान होता था, जिसे 'खुत मुकद्दम' या चौधरी कहा जाता था। गाँवों को अपनी सीमाओं के अन्दर पर्याप्त स्वशासन का अधिकार भी प्राप्त था।
- 1882 ई. में लॉर्ड रिपन, जिसे स्थानीय स्वशासन का जनक भी कहा जाता है।
- वर्ष 1907 में सी.ई.एच. की अध्यक्षता में केन्द्रीकरण पर रॉयल कमीशन की नियुक्ति से स्थानीय स्व-सरकारी संस्थानों को बढ़ावा मिला।
- पंचायती राज का शुभारम्भ भारत में 2 अक्टूबर, 1959 को भारत के प्रथम प्रधानमन्त्री जवाहरलाल नेहरू द्वारा राजस्थान के नागौर जिले से हुआ।
- 11 अक्टूबर, 1959 को पण्डित नेहरू ने आन्ध्र प्रदेश राज्य में पंचायती राज का शुभारम्भ किया।

73वें संवैधानिक संशोधन अधिनियम की मुख्य विशेषताएँ

प्रमुख बिन्दु	विवरण
ग्राम सभा	• यह पंचायती राज व्यवस्था की प्रमुख संस्था है। पंचायत की सीमाओं के भीतर सभी पंजीकृत मतदाता ग्राम सभा के सदस्य होते हैं।
त्रिस्तरीय व्यवस्था	• अधिनियम, राज्यों में त्रि-स्तरीय पंचायती राज प्रणाली (ग्राम, मध्यवर्ती और जिला स्तर) के कार्यान्वयन का प्रावधान करता है। 20 लाख से कम आबादी वाले राज्यों को मध्यवर्ती स्तर के पंचायत गठन नहीं करना है।
सदस्यों एवं अध्यक्ष का चुनाव	• सभी पंचायती राज स्तरों पर सदस्यों को सीधे चुना जाता है, जबकि मध्यवर्ती और जिला स्तरों पर अध्यक्षों को अप्रत्यक्ष रूप से निर्वाचित सदस्यों में से चुना जाता है और ग्राम स्तर पर अध्यक्षों को राज्य सरकार के नियमानुसार चुना जाता है।
सीटों का आरक्षण	• अनुसूचित जाति और अनुसूचित जनजाति के लिए आरक्षण उनकी जनसंख्या प्रतिशत के अनुपात में तीनों स्तरों पर दिया जाएगा। • महिलाओं के लिए कुल सीटों की कम-से-कम एक-तिहाई सीटें अलग रखी जानी चाहिए, साथ ही सभी पंचायत स्तरों पर अध्यक्ष पदों की कुल संख्या का कम-से-कम एक-तिहाई भी महिलाओं के लिए आरक्षित होना चाहिए। • इसके अतिरिक्त, राज्य विधानसभाओं के पास यह निर्णय लेने का अधिकार है कि पंचायत प्रणाली के किसी भी स्तर पर वंचित वर्गों के सदस्यों या अध्यक्ष के लिए सीटें आवण्टित की जाएँ या नहीं।
पंचायत की अवधि	• अधिनियम द्वारा पंचायत की शर्तें पाँच वर्ष निर्धारित की गईं हैं, जो सभी पंचायत स्तरों पर लागू होती हैं।
अयोग्यता	• यदि किसी व्यक्ति को वर्तमान में राज्य की विधायिका के चुनावों के प्रयोजनों के लिए प्रभावी किसी भी कानून द्वारा अयोग्य घोषित किया गया है, तो वे किसी भी राज्य विधायी अधिनियमित कानून के तहत पंचायत के सदस्य के रूप में चुने जाने या सेवा करने के लिए अयोग्य हैं। हालाँकि यदि कोई व्यक्ति 21 वर्ष की आयु तक पहुँच गया है, तो उसे इस आधार पर अयोग्य नहीं ठहराया जा सकता है कि उसकी आयु 25 वर्ष से कम है। • इसके अतिरिक्त, अयोग्यता से सम्बन्धित सभी प्रश्न उस निकाय को निर्देशित किए जाने चाहिए, जिसे राज्य विधानसभाओं द्वारा चुना गया है।

प्रमुख बिन्दु	विवरण
राज्य चुनाव आयोग	• निकाय, मतदाता सूची और पंचायत चुनावों के निर्माण की देखरेख, निर्देशन और नियन्त्रण का प्रभारी है। • पंचायत चुनाव से सम्बन्धित नियम राज्य विधायिका द्वारा बनाए जा सकते हैं।
शक्तियाँ और कार्य	• राज्य विधायिका, पंचायतों को वह अधिकार और शक्ति प्रदान कर सकती है, जो उन्हें अपने स्व-सरकारी कार्यों को पूरा करने के लिए आवश्यक हो सकती है। • इसमें ग्यारहवीं अनुसूची में उल्लिखित 29 मुद्दों से सम्बन्धित मुद्दे भी शामिल हैं।
वित्त	• एक पंचायत को राज्य विधायिका द्वारा कर, शुल्क, टोल और शुल्क वसूलने प्रथा एकत्र करने की अनुमति दी जा सकती है। • राज्य सरकार द्वारा लगाए गए और एकत्र किए गए कर, शुल्क, टोल और अन्य शुल्क एक पंचायत को सौंपे जाने चाहिए। • राज्य की संचित निधि से पंचायतों को सहायता अनुदान वितरण की अनुमति है। • सभी पंचायत निधियों को जमा करने के लिए धन की स्थापना के लिए प्रावधान।
वित्त आयोग	• राज्य वित्त आयोग पंचायतों की वित्तीय स्थिति की जाँच करता है और पंचायत के संसाधनों की पूर्ति के लिए उचित कार्यों के लिए सुझाव देता है।
अंकेक्षण	• राज्य विधायिका, पंचायत खातों के रखरखाव और लेखापरीक्षा को नियन्त्रित करने वाले नियम स्थापित कर सकती है।
छूट प्राप्त क्षेत्र	• नागालैण्ड, मेघालय और मिजोरम राज्यों के साथ-साथ कुछ अन्य स्थानों को इस अधिनियम के लागू होने से छूट दी गई है। इन क्षेत्रों में राज्यों के जनजातीय क्षेत्र और अनुसूचित क्षेत्र शामिल हैं। • मणिपुर का पहाड़ी क्षेत्र, जिसके लिए एक जिला परिषद् है। • पश्चिम बंगाल का दार्जिलिंग जिला, जो दार्जिलिंग गोरखा हिल काउंसिल का घर है। • हालाँकि इसमें दिए गए अपवाद और संशोधन के अधीन, संसद इस हिस्से को इन क्षेत्रों तक विस्तारित कर सकती है। परिणामस्वरूप PESA अधिनियम पारित किया गया।

पंचायती राज से जुड़ी समितियाँ

1. बलवन्तराय मेहता समिति एवं पंचायती राज

- सामुदायिक विकास कार्यक्रम और राष्ट्रीय विस्तार सेवा की जाँच के लिए इस समिति का गठन किया गया था।

मुख्य सिफारिशें

- त्रिस्तरीय पंचायती राज व्यवस्था (ग्राम पंचायत, पंचायत समिति, जिला परिषद्) की शुरुआत की जाए।
- समिति ने सामुदायिक विकास के लिए पर्याप्त संसाधनों के साथ वैधानिक रूप से निर्वाचित निकाय के निर्माण का सुझाव दिया कि पंचायतों को आवश्यक समझी जाने वाली शक्तियों से सम्पन्न किया जाए।
- पंचायती राज स्तरों के लिए प्रत्यक्ष और अप्रत्यक्ष चुनाव आयोजित किए जाएँ।
- ग्राम पंचायत का गठन प्रत्यक्ष रूप से निर्वाचित प्रतिनिधियों के माध्यम से, जबकि जिला परिषदों और पंचायत समितियों का गठन अप्रत्यक्ष रूप से निर्वाचित प्रतिनिधियों के माध्यम से किया जाए।
- प्राथमिक उद्देश्यों के रूप में योजना और विकास पर बल दिया जाए।
- पंचायत समिति और जिला परिषद् को भूमिकाएँ सौंपी जाएँ।
- जिला कलेक्टर को जिला परिषद् का अध्यक्ष बनाया जाए।
- इस समिति ने सामुदायिक विकास के लिए पंचायतों को मजबूत करने की वकालत की, जिसका समर्थन तत्कालीन प्रधानमन्त्री जे. एल. नेहरू ने किया था।

2. अशोक मेहता समिति एवं पंचायती राज

- समिति का गठन वर्ष 1977 में पंचायती राज व्यवस्था को पुनर्जीवित और मजबूत करने के लिए किया गया था।

मुख्य सिफारिशें

- द्विस्तरीय व्यवस्था जिला परिषद् और मण्डल पंचायत की वकालत की।
- समिति ने गाँव और ज़िले के बीच मण्डल पंचायतों के गठन का सुझाव दिया।
- मण्डल की कल्पना गाँवों के एक समूह के रूप में की गई थी, जिसका उद्देश्य ग्रामीण और शहरी क्षेत्रों के बीच सम्बन्ध स्थापित करना था।
- पंचायती राज में राजनीतिक दलों की प्रत्यक्ष भागीदारी हो।

- पंचायतों को वित्तीय आत्मनिर्भरता के लिए प्रस्तावित अनिवार्य कराधान शक्तियाँ दी जाएँ।
- पर्यवेक्षण का प्रथम स्तर जिला स्तर हो।
- जिला स्तरीय योजना के लिए जिला परिषद् को जिम्मेदार बनाया जाए।

3. जी.वी. के राव समिति एवं पंचायती राज

- समिति की नियुक्ति वर्ष 1985 में योजना आयोग द्वारा की गई थी। इसका उद्देश्य जमीनी स्तर के विकास को प्रभावित करने वाले नौकरशाहीकरण को सम्बोधित करना था।

मुख्य सिफ़ारिशें

- जिला परिषदों (जिला स्तर पर) को मजबूत किया जाए।
- जिला स्तर पर आनुपातिक प्रतिनिधित्व वाली उपसमितियों का गठन किया जाए।
- कुछ नियोजन कार्यों को जिला स्तर पर स्थानान्तरित किया जाए।
- स्थानीय निकायों के चुनाव नियमित रूप से आयोजित किए जाए।
- स्थानीय स्तर पर पर्याप्त शक्तियों एवं वित्तीय संसाधन का वितरण किया जाए।
- पंचायती राज स्तरों पर विशिष्ट योजना और निगरानी भूमिकाएँ सौंपी जाएँ।
- एक जिला विकास आयुक्त पद सृजित किया जाए।

4. एल.एम.सिंघवी समिति एवं पंचायती राज

- पंचायती राज प्रणालियों में लोकतन्त्र और विकास के कदमों की सिफारिश करने के लिए वर्ष 1986 में समिति की नियुक्ति की गई थी।

मुख्य सिफ़ारिशें

- पंचायती राज व्यवस्थाओं को संवैधानिक मान्यता दी जाए।
- पंचायत स्तर पर चुनाव नियमित रूप से आयोजित किए जाए।
- पंचायती राज के काम-काज से सम्बन्धित मामलों के निपटान के लिए प्रत्येक राज्य में पंचायती राज न्यायिक न्यायाधिकरण की स्थापना की जाए।
- राजनीतिक दलों से जुड़े व्यक्तियों की भागीदारी को हतोत्साहित किया जाए।
- ग्राम पंचायतों के लिए वित्त में वृद्धि की जाए।

पंचायती राज से सम्बन्धित महत्त्वपूर्ण अनुच्छेद

- अनुच्छेद-243 परिभाषाएँ
- अनुच्छेद-243 A ग्राम सभा
- अनुच्छेद-243 B ग्राम पंचायतों का गठन
- अनुच्छेद-243 C पंचायतों की संरचना
- अनुच्छेद-243 D स्थानों का आरक्षण
- अनुच्छेद-243 E पंचायतों के कार्यकाल या अवधि
- अनुच्छेद-243 F सदस्यता के लिए अयोग्यताएँ
- अनुच्छेद-243 G पंचायतों की शक्तियाँ, प्राधिकार और उत्तरदायित्व
- अनुच्छेद-243 H पंचायतों द्वारा कर अधिरोपित करने की शक्तियाँ और उनकी निधियाँ
- अनुच्छेद-243 I वित्तीय स्थिति के पुनर्विलोकन के लिए वित्त आयोग का गठन
- अनुच्छेद-243 J पंचायतों की लेखाओं की संपरीक्षा
- अनुच्छेद- 243 K पंचायतों के लिए निर्वाचन
- अनुच्छेद-243 L संघ राज्य क्षेत्रों में लागू होना
- अनुच्छेद-243 M इस भाग का कतिपय क्षेत्र में लागू न होना
- अनुच्छेद-243 N विद्यमान विधियों और पंचायतों का बना रहना
- अनुच्छेद-243 O निर्वाचन सम्बन्धी मामलों में न्यायालयों के हस्तक्षेप का वर्णन

विभिन्न राज्यों में ग्राम सभा के नाम

- असम ग्राम सभा
- दिल्ली ग्राम सभा
- उड़ीसा पाली सभा
- उत्तर प्रदेश ग्राम सभा
- बिहार पंचायत

अन्य राज्यों में यह ग्राम सभा के नाम से जानी जाती है।

विभिन्न राज्यों में ग्राम पंचायत के नाम

- गुजरात ग्राम या नगर पंचायत
- तमिलनाडु विलेज अथवा टाउन पंचायत
- केरल पंचायत
- कर्नाटक पंचायत
- बिहार पंचायत की कार्यकारी समिति

अन्य राज्यों में यह ग्राम पंचायत के नाम से जानी जाती है।

विभिन्न राज्यों की जिला परिषदों के नाम

• गुजरात	जिला पंचायत	• तमिलनाडु	जिला विकास परिषद्
• आन्ध्र प्रदेश	जिला परिषद्	• महाराष्ट्र	जिला परिषद्
• पंजाब	जिला परिषद्	• राजस्थान	जिला परिषद्
• उत्तर प्रदेश	जिला परिषद्	• पश्चिम बंगाल	जिला परिषद्
• असम	मोहकुमा परिषद्		

राजस्थान पंचायती राज अधिनियम

राजस्थान पंचायती राज अधिनियम, 1953 एवं पंचायत समिति व जिला परिषद् अधिनियम, 1959 को एक कर तथा 73वें संविधान के प्रावधानों को ध्यान में रखते हुए राजस्थान ने नया पंचायती राज अधिनियम, 1994 बनाया। इसकी पूर्ति हेतु राजस्थान पंचायती राज अधिनियम, 1996 भी बनाया गया, जो 30 दिसम्बर, 1996 को लागू किया गया।

राजस्थान में पंचायती राज संस्था से जुड़े विशेष प्रावधान

ग्राम सभा की बैठकें

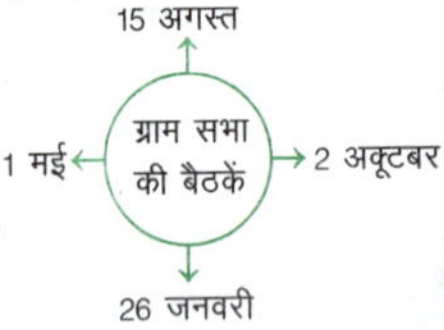

- राजस्थान में ग्राम सभा की वर्ष में 4 बैठकें होती हैं।

नोट *विशेष परिस्थितियों में दो और बैठकें बुलाई जा सकती हैं - 8 मार्च, 14 नवम्बर ग्राम सभा की बैठकों में गणपूर्ति (कोरम) कुल सदस्यों का 1/10 या 10% होता है।*

- *ग्राम सभा को 'सामाजिक अंकेक्षण की इकाई' या 'ग्राम विधायिका' भी कहा जाता है। यह भारत में प्रत्यक्ष लोकतन्त्र का उदाहरण है।*

पंचायती राज में आरक्षण [अनुच्छेद-243(D)]

संविधान में प्रदत्त	राजस्थान में देय
अनुसूचित जाति - जनसंख्या के अनुपात में	जनसंख्या अनुपात
अनुसूचित जनजाति - जनसंख्या-अनुपात	जनसंख्या अनुपात 21%
अन्य पिछड़ा वर्ग -	जनसंख्या अनुपात 21%
महिलाएँ-1/3	जनसंख्या अनुपात 50%

अनुच्छेद-243(F)

पंचायती राज की योग्यताएँ

1. स्थानीय नागरिक हो।
2. आयु कम-से-कम 21 वर्ष हो।
3. मतदाता सूची में पंजीकृत हो।

पंचायती राज की अयोग्यताएँ

1. लाभ का पद ग्रहण कर लें।
2. नैतिक अक्षमता के कारण पद से हटाया गया हो।
3. सरकारी नौकरी में हो।
4. शारीरिक व मानसिक रोगी हो।
5. मृत्युभोज निवारण अधिनियम, 1960 के तहत अपराधी घोषित हो।
6. वर्ष 1995 के बाद 2 से अधिक बच्चे हों।

PESA Act (पंचायत एक्सटेंशन टु सिड्यूल्ड एरिया), 1996

- भूरिया समिति की सिफारिश पर PESA अधिनियम लागू हुआ। अनुसूचित क्षेत्रों में ग्राम सभा के माध्यम से गाँव की परम्परा, रीति-रिवाजों तथा सांस्कृतिक पहचान को संरक्षित रखने और विवाद समाधान की परम्परागत तकनीक को बनाए रखने के उद्देश्य से यह अधिनियम लाया गया।

- भारत के 10 राज्यों में PESA Act लागू है
  (i) ओडिशा
  (ii) झारखण्ड
  (iii) मध्य प्रदेश
  (iv) छत्तीसगढ़
  (v) आन्ध्र प्रदेश
  (vi) तेलंगाना
  (vii) महाराष्ट्र
  (viii) राजस्थान
  (ix) गुजरात
  (x) हिमाचल प्रदेश
- राजस्थान के जिले, जिनमें PESA अधिनियम लागू है
  (i) बाँसवाड़ा
  (ii) डूँगरपुर
  (iii) प्रतापगढ़
  (iv) चित्तौड़गढ़
  (v) उदयपुर
  (vi) राजसमन्द
  (vii) पाली
  (viii) सिरोही

आधार	ग्राम पंचायत	पंचायत समिति	जिला परिषद्
वार्ड	3000 की जनसंख्या पर 9 वार्ड, प्रति 1000 जनसंख्या पर अतिरिक्त 2 वार्ड	1 लाख पर 15 वार्ड, प्रति अतिरिक्त 15000 जनसंख्या पर अतिरिक्त 2 वार्ड	4 लाख पर 17 वार्ड, प्रति अतिरिक्त 1 लाख पर 2 वार्ड
न्यूनतम आकार	9 + 1	15	17
संरचना	सरपंच, उपसंरपच, वार्ड पंच	प्रधान, उपप्रधान सदस्य	प्रमुख, उपप्रमुख सदस्य
अधिकारी	VDO	BDO	CEO
गणपूर्ति	1/3 सदस्य	1/3 सदस्य	1/3 सदस्य
बैठक	15 दिन में एक बार	1 माह में एक बार	3 माह में एक बार
निर्वाचन	सभी सदस्यों का प्रत्यक्ष निर्वाचन	सदस्य-प्रत्यक्ष प्रधान, उपप्रधान-अप्रत्यक्ष	सदस्य-प्रत्यक्ष प्रमुख, उपप्रमुख-अप्रत्यक्ष

अध्याय 7 ~ नगरीय संस्थाएँ

- भारत में सर्वप्रथम नगर निगम 1687 ई. में मद्रास में स्थापित हुआ।
- राजस्थान में सर्वप्रथम नगर निकाय, नगरपालिका के रूप में माउण्ट आबू 1854 ई. में बना।
- 'ब्यावर' नगरपालिका राजस्थान की प्रथम निर्वाचित नगरपालिका थी।
- 'जयपुर' में राजस्थान का प्रथम नगरनिगम था।

राजस्थान में नगरीय संस्थाओं से सम्बन्धित अधिनियम

(i) राजस्थान नगरपालिका अधिनियम, 1951
(ii) राजस्थान नगरपालिका अधिनियम, 1959
(iii) राजस्थान नगरपालिका अधिनियम, 1992
(iv) राजस्थान नगरपालिका अधिनियम, 2009

नगर (शहर) क्या है?

- 75% से अधिक जनसंख्या गैर-कृषि कार्य में नियोजित हो।
- जनसंख्या घनत्व कम-से-कम 400 व्यक्ति प्रति वर्ग किमी हो।
- राजस्व आय का स्रोत हो।
- राजनीतिक इच्छाशक्ति युक्त हो।

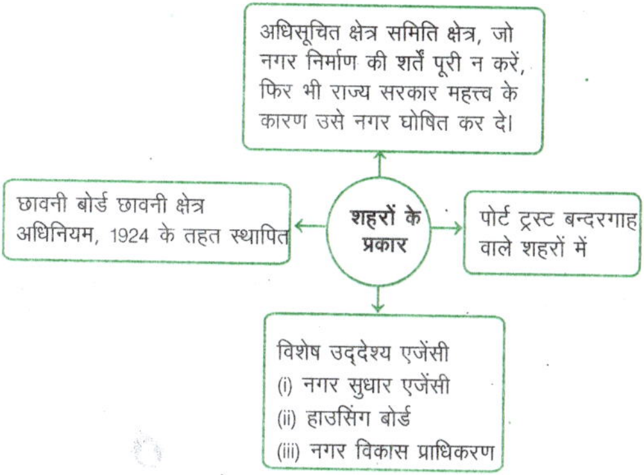

राजस्थान में नगरपालिका की श्रेणियाँ

जनसंख्या →

- A (1,00,000-5,00,000)
- B (50,000-1,00,000)
- C (25,000-50,000)
- D (8,000-25,000)

- 74वें संविधान संशोधन के तहत देश में नगरपालिका, नगर परिषद् एवं नगर निगम का प्रावधान किया गया है।

नगरीय संस्थाओं के संवैधानिक प्रावधान

- भाग–9 'A'
- अनुच्छेद-243 (P)- 243 (ZG)
- अनुसूची-12

अनुच्छेद-243 (Q) नगरपालिका के तीन स्तरों का उल्लेख

- नगरपंचायत
- नगर परिषद्
- नगरनिगम

- अनुच्छेद-243(S) जिस नगरीय निकाय की जनसंख्या 3 लाख से अधिक है, वहाँ सहभागी लोकतन्त्र को बढ़ावा देने के लिए वार्ड समिति का गठन होगा।

वार्ड समिति

- अध्यक्षता → वार्ड पार्षद
- सदस्य → 5 (वार्ड मतदाता जिनकी आयु 25 से ज्यादा है)
- कार्य →
  (i) स्वच्छता
  (ii) पार्क रखरखाव
  (iii) सड़क-विद्युत

अनुच्छेद-243 (T) **आरक्षण**

नगरीय निकायों में आरक्षण

अनिवार्य (संविधान प्रदत्त)
- SC – जनसंख्या %
- ST– जनसंख्या %
- महिलाएँ -1/3

राजस्थान में देय
- SC – जनसंख्या %
- ST– जनसंख्या %
- OBC – 21%
- महिलाएँ-50%

अनुच्छेद-243(U) **कार्यकाल**

- नगरीय निकायों का कार्यकाल 5 वर्ष का होगा।
- स्थान रिक्त होने के 6 माह में चुनाव कराना आवश्यक है।

अनुच्छेद-243 (V)-**सदस्यों की योग्यताएँ**

- वह स्थानीय नागरिक हो।
- वह मतदाता सूची में सूचीबद्ध हो।
- न्यूनतम आयु 21 वर्ष हो।

सदस्यों की निर्योग्यताएँ

- नैतिक अक्षमता के कारण सिद्धदोष हो।
- खाद्य अपमिश्रण का दोषी हो।
- कुष्ठ रोगी हो।
- नगरपालिका का कर बकाया हो।
- किसी अपराध में 5 वर्ष की सजा हो।
- पागल/दिवालिया हो।
- वर्ष 1995 के बाद 2 से अधिक सन्ताने हों।

राजस्थान में नगरीय संस्थाएँ

आधार	नगरपालिका	नगर परिषद्	नगर निगम
जनसंख्या	8 हजार-1 लाख	1 लाख-5 लाख	5 लाख से ज्यादा
न्यूनतम वार्ड	13	13	13
राजनैतिक प्रमुख	अध्यक्ष	सभापति	महापौर/मेयर
राजनैतिक उपप्रमुख	उपाध्यक्ष	उपसभापति	उपमहापौर/डिप्टी मेयर

निर्वाचन प्रमुख उप प्रमुख वार्ड	अप्रत्यक्ष (सदस्य अपने में) अप्रत्यक्ष प्रत्यक्ष	अप्रत्यक्ष अप्रत्यक्ष प्रत्यक्ष	अप्रत्यक्ष अप्रत्यक्ष प्रत्यक्ष
प्रशासनिक अधिकारी	Eo अधिशाषी अधिकारी	आयुक्ता	आयुक्त

जिला आयोजना समिति

- अनुच्छेद-243ZD में जिला आयोजना समिति का प्रावधान है।
- जिला आयोजना समिति की संरचना-

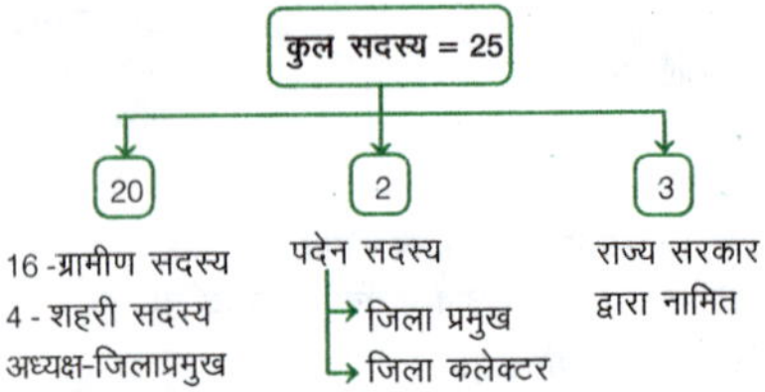

जिला आयोजना समिति के कार्य

- जिले की विकास योजना का प्रारूप राज्य सरकार को भेजना।
- जिले की नगरीय संस्थाओं और पंचायती राज संस्थाओं द्वारा तैयार योजना को संगठित करना।
- शहरी व नगरीय संस्थाओं के मध्य हितों के टकराव को समाप्त करना।

अध्याय 8 ~ जिला प्रशासन

- शासन के अंग के रूप में जिला प्रशासन प्राचीन काल से विद्यमान रहा है।
- जिला स्तर पर ही शासन की नीतियों को व्यवहारिक स्वरूप प्रदान किया जाता है तथा स्थानीय जनता की समस्याओं का अध्ययन कर उन्हें राज्य सरकार तक पहुँचाया जाता है।

जिला स्थापित करने के उद्देश्य

1. नियन्त्रण स्थापना के लिए
2. राजस्व एकत्रित करने के लिए
3. विकास कार्यक्रमों के संचालन के लिए
4. प्रशासन में एकत्व स्थापित करने के लिए

जिला प्रशासन में महत्त्वपूर्ण पद : कलेक्टर

- जिला कलेक्टर कार्यालय तथा अन्य विभागीय प्रशासनिक व्यवस्थाओं का सामूहिक नाम जिला प्रशासन है जो जिला स्तर पर कार्यरत है।
- 1772 ई. में सर्वप्रथम कलेक्टर का पद सृजित किया गया और रॉल्फ सेल्डन पहले कलेक्टर बने।
- इस पद को लाने वाले वारेन हेस्टिंग्स थे।
- 1773 ई. में इस पद को समाप्त कर दिया गया।
- 1781 ई. में पुनः सृजित किया गया।
- 1786 ई. में इसे राजस्व एकत्रित करने के पूर्ण अधिकार प्रदान किए गए।
- 1787 ई.में राजस्व अधिकार के साथ दण्ड नायक की शक्तियाँ प्रदान की गईं।
- लॉर्ड कॉर्नवालिस को भारत में लोकसेवा का जनक माना जाता है।
- 1793 ई. में कलेक्टर से न्यायिक शक्तियाँ पृथक कर दी गईं।
- 1812 ई. में कलेक्टर को पुनः न्यायिक शक्तियाँ प्रदान की गईं।

जिला प्रशासन के बढ़ते हुए महत्त्व के कारण

- राज्य एवं केन्द्र सरकार की पहुँच स्थानीय स्तर तक बनाए रखने के लिए।
- क्षेत्र व राज्य की राजधानी के मध्य समन्वय बनाए रखने के लिए।
- आम आदमी की पहुँच बनाए रखने के लिए।
- स्थानीय स्तर की विशिष्ट सांस्कृतिक पहचान बनाए रखने के लिए।
- जिला कलेक्टर जिला स्तर पर अन्य विभागों के समन्वय के रूप में।

• जिला परिषद् के गठन के लिए।

भारतीय संविधान में जिला शब्द का प्रयोग

- अनुच्छेद-233 में जिला न्यायाधीश के रूप में।
- अनुच्छेद-243 जिला परिषद् के सम्बन्ध में।
- छठी अनुसूची में जनजातीय जिलों के बारे में।

कलेक्टर के पद पर प्रक्रिया

- कलेक्टर के पद पर भारतीय प्रशासनिक सेवा का अधिकारी आता है।
- R.A.S से पदोन्नति होकर भी कलेक्टर बनते हैं।
- कलेक्टर के पद (पदस्थापना) पर पोस्टिंग सामान्य प्रशाासन विभाग के माध्यम से मुख्यमन्त्री द्वारा होती है।

कलेक्टर की भूमिका

1. प्रशासनिक अधिकारी के रूप में

- सामान्य प्रशासन का संचालन करना।
- चुनाव सम्पन्न करवाना।
- जिले में गाँव ढाणी का भ्रमण करना।
- जिले में जनगणना करवाना।
- आम आदमी की शिकायतों की सुनवाई करना।
- सैनिक अधिकारियों से सम्पर्क करना।
- महत्त्वपूर्ण लोगों को प्रोटोकॉल उपलब्ध करवाना।
- जिला स्तरीय राजकीय समारोह में भाग लेना।

2. जिला मजिस्ट्रेट के रूप में

- जिले में शान्ति व्यवस्था बनाए रखना।
- अपराधिक प्रक्रिया संहिता (I.P.C.) की धारा-144 लागू करना।
- कैदियों को पैरोल पर मुक्त करना।
- जिले का निरीक्षण करना।
- जिले की वार्षिक अपराधिक रिपोर्ट तैयार करवाना।
- शस्त्र, पेट्रोल और विस्फोटक सामग्री के लाइसेंसों को मंजूरी देना।
- रात्री काल में पोस्टमार्टम की अनुमति देना।

3. भू-राजस्व अधिकारी के रूप में

- भू-राजस्व एकत्रित करवाना।
- भू-अभिलेखों का रख-रखाव करना।

- आबादी की बसावट के लिए भूमि अधिग्रहित करना तथा भूमि सुधार से सम्बन्धित कार्यक्रम संचालित करना।
- जिला कोषागार का परिरक्षण करना।
- शराब, पेट्रोल, औषधी तथा अन्य मादक पदार्थों पर शुल्क नियन्त्रित करना।
- स्टाम्प अधिनियम लागू करवाना।
- सरकारी सम्पदाओं का प्रबन्ध करना।

4. जिला विकास अधिकारी के रूप में

- स्वतन्त्रता के बाद भारतीय संविधान के माध्यम से एक लोक कल्याणकारी राज्य की स्थापना की गई तथा केन्द्र व राज्य सरकार ने सामाजिक व आर्थिक विकास के कार्यक्रम अपने हाथ मे लिए। अतः कलेक्टर अपने परम्परागत दायरे से बाहर आकर विकास अधिकारी की भूमिका का निर्वहन करने लगा।
- केन्द्र व राज्य द्वारा संचालित विकास की योजनाओं का क्रियान्वयन सुनिश्चित करना।
- जिला आयोजना समिति का गठन करवाना व इसके माध्यम से जिले की योजना का निर्माण करना।
- जिले के विकास के मार्ग में बाधक तत्त्वों को दूर करना।

नोट *वर्ष 1978 में अशोक मेहता समिति ने जिला स्तर पर विकास के कार्यों के लिए अलग से पद सृजित करने की सिफारिश की थी।*

5. समन्वयक अधिकारी के रूप में

- जिला स्तर पर उपस्थित सभी विभागों के मध्य समन्वय स्थापित करता है।
- जिला प्रशासन एवं राज्य सरकार के मध्य समन्वय स्थापित करने का कार्य करता है।
- गैर सरकारी संगठन, स्वयं सेवी संस्थाएँ, दबाव समूहों व सरकारी विभागों के मध्य समन्वय स्थापित करता है।
- जिलाधीश जिले में लगभग 60 से अधिक समितियों का अध्यक्ष होता है।

6. आपदा निवारण अधिकारी के रूप में

- आपदा प्रबन्धन अधिनियम (2005) के तहत जिला आपदा प्रकोष्ठ (प्राधिकरण) का यह अध्यक्ष होता है।

उपखण्ड अधिकारी

- राज्य में जिला प्रशासन के त्रि-स्तरीय अधिकारी वर्ग में मध्यम स्तर पर उपखण्ड अधिकारी आता है।
- इस पद पर आसीन अधिकारी को S.D.M. और S.D.O. भी कहते हैं।
- पंचायती राज संस्थाओं के खण्ड (पंचायत समिति) से अलग होते हैं।
- उपखण्ड अधिकारी राजस्थान प्रशासनिक सेवा (R.A.S.) का अधिकारी है।
- उपखण्ड अधिकारी अपने अधीन तहसीलों एवं उनसे सम्बन्धित गाँवों में राजस्व प्रशासन एवं अन्य प्रशासनिक गतिविधियों के लिए उत्तरदायी होता है।

S.D.M. की भूमिका

1. भू राजस्व अधिकारी के रूप में

- राजस्थान भू राजस्व अधिनियम, 1956 के अनुसार, भू राजस्व के मामलों में न्यायिक प्रशासनिक व नियन्त्रणकारी शक्तियाँ प्राप्त हैं।
- ग्रामवार भू अभिलेख (नक्शे) तैयार करवाता है।
- तहसीलदार, कानूनगो व पटवारियों पर नियन्त्रण रखता है।
- भू सीमांकन प्रतीक चिन्हों की स्थापना करता है।
- खण्ड की फसल की स्थिति का समाकलन (आकलन) करना।
- सरकारी भूमि से अतिक्रमण हटाना।
- उपखण्ड की रिपोर्ट कलेक्टर को प्रस्तुत करना।

2. उपखण्ड दण्डनायक के रूप में

- उपखण्ड में शान्ति व्यवस्था बनाए रखना।
- अशान्ति की स्थिति में धारा-144 का प्रयोग करना।
- उपखण्ड की फौजदारी रिपोर्ट को तैयार करना
- पुलिस थानों/चौकियों तथा जेल का निरीक्षण करना।

3. भू राजस्व न्यायिक अधिकारी के रूप में

- सीमा विवाद गोचर भूमि से सम्बन्धित विवाद
- भू अभिलेख से सम्बन्धित विवाद
- काश्तकारों के वर्ग निर्धारित करने से सम्बन्धित विवाद
- उत्तराधिकार विभाजन से सम्बन्धित विवाद

- मुआवजे से सम्बन्धित विवाद
  - ये सभी भू राजस्व न्यायिक अधिकारी के रूप में भूमिका निभाते हैं।

4. प्रशासनिक अधिकारी के रूप में

- उचित मूल्य की दुकानों पर चीनी, केरोसीन, चावल, कपड़ा, साबुन, दाल, गेहूँ आदि का वितरण सही करवाना।
- उपखण्ड में उपभोग की वस्तुओं की उपलब्धता की जानकारी रखना।
- राजस्व अभियानों के अन्तर्गत जन शिकायतों का निवारण करना।
- गरीबी रेखा से नीचे जीवन यापन करने वालों का डाटा एकत्रित करना।

5. उपजिला निर्वाचन अधिकारी के रूप में

- अपने उपखण्ड में लोकसभा, विधानसभा और स्थानीय निकाय के चुनाव सम्पन्न करवाना।
- उपखण्ड अधिकारी, जिला कलेक्टर की आँख व कान होता है।

तहसीलदार

- तहसील शब्द अरबी भाषा का है।
- राजस्थान में तहसील शब्द का प्रयोग 1791 ई. में अलवर राज्य में किया गया था। 1872 ई. में बीकानेर में भी तहसील शब्द का प्रयोग किया गया।
- अलग-अलग राज्यों में इसे अलग-अलग नाम से जाना जाता है
  1. तमिलनाडु - तालुका 2. गुजरात - तालुका 3. महाराष्ट्र-तालुका/महल
- तहसीलदार के पद पर राजस्थान प्रशासनिक सेवा की अधीनस्थ सेवा 'राजस्थान तहसीलदार सेवा' से आता है। (R.T.S.) से
- इसकी नियुक्ति राजस्व मण्डल (अजमेर) से होती है।
- तहसीलदार भू राजस्व एकत्रित करता है।

तहसीलदार की भूमिका

1. भू-राजस्व अधिकारी के रूप में

- प्रत्येक गाँव की भूमि का का खसरा, नक्शा और नामान्तरण अभिलेख तैयार करवाता है।
- कानूनगो व पटवारी पर निरीक्षण व नियन्त्रण रखता है।

- नामान्तरण विवादों का निस्तारण करता है।
- कृषि भूमि पर बने मकानों का नियमन करता है।
- 1000 वर्ग मीटर तक भी भूमि को आवासीय भूमि में रूपान्तरित करता है।

2. राजस्व न्यायालय के रूप में कार्य

- सीमा सम्बन्धित विवाद का निपटारा करता है।
- नामान्तरण विवाद का निपटारा करता है।
- गोचर भूमि विवाद का निपटारा करता है।
- सरकारी भूमि पर अतिक्रमण पर कार्यवाही करता है।
- राजस्व वसूली करता है।

3. न्यायिक अधिकारी के रूप में

- भू-राजस्व की रजिस्ट्री को प्रविष्ट करना।
- बँटवारा नामे के दावों का निस्तारण करना।
- भूमि मुआवजे का परीक्षण करना।

4. दण्डनायक के रूप में

- तहसीलदार को यह शक्ति प्राप्त है कि दोषी व्यक्ति को 6 माह की सजा या 200 रुपए का जुर्माना लगा सकता है।

5. प्रशासनिक अधिकारी के रूप में

- तहसील कोषागार की रक्षा करना।
- आम चुनावों के समय व्यवस्थाएँ देखना।
- जनगणना के कार्यक्रम में हाथ बँटाना।
- जाति प्रमाण-पत्र, हैसियत प्रमाण-पत्र, कृषक प्रमाण-पत्र व मूल निवास प्रमाण-पत्र जारी करता है।
- ये तहसीलदार के प्रशासनिक अधिकारी के रूप में कार्य हैं।

पटवारी

- पटवारी का पद राजस्व प्रशासन में निम्नतम, किन्तु सर्वाधिक महत्त्वपूर्ण पद होता है।
- इसकी नियुक्ति राजस्व मण्डल के द्वारा की जाती हे।

- ग्रामीण क्षेत्रों में सदियों से यह पद प्रभावी रहा है। राज्य की लगान वसूली में पटवारी का पदनाम सम्भवतः मुस्लिम शासकों की देन है।
- भारत में पटवारी को अलग - अलग नाम से जाना जाता है

  1. तमिलनाडु - करनम
  2. महाराष्ट्र - तलस्ती
  3. राजस्थान - पटवारी
  4. उत्तर प्रदेश - लेखपाल

- वर्ष 1999 में शिवचरण माथुर की अध्यक्षता में राजस्थान प्रशासनिक सुधार समिति बनी, जिसने पटवारी का नाम बदलकर राजस्थान में लेखपाल करने की सिफारिश की।
- प्रथम प्रशासनिक सुधार समिति वर्ष 1963 में हरिश्चन्द्र माथुर की अध्यक्षता में बनी है।
- राजस्थान में सामान्यतः 7500 एकड़ कृषि भूमि है एवं 3000 खसरों पर एक पटवारी नियुक्त किया जाता है।

पटवारी के कार्य

- भूमि के बँटवारे, नामान्तरण, कृषि जोत, मालिकाना हक तथा भू राजस्व सम्बन्धित विवादों का सामना सर्वप्रथम पटवारी ही करता है।
- भूमि से सम्बन्धित प्रमाणिक दस्तावेज तैयार करना। इन दस्तावेजों में नक्शे तैयार करना एवं उनका रखरखाव करना।
- गिरदावरी रिपोर्ट तैयार करना।
- सर्वेक्षण चिह्नों को सुरक्षित रखना अर्थात् रखरखाव करना।
- भूमि की पैमाइश करना।
- ये सभी भू-राजस्व के कार्य पटवारी के द्वारा किए जाते हैं।

अध्याय 9 ~ स्थायी कार्यपालिका

मुख्य सचिव

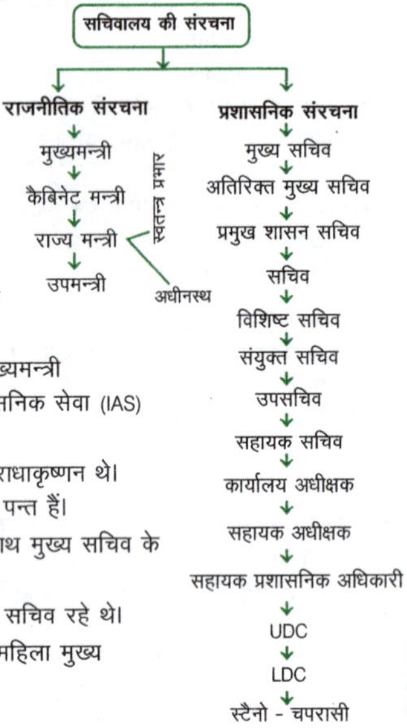

- मुख्य सचिव राज्य लोकसेवा का मुखिया होता है। यह राज्य में प्रशासनिक दृष्टि में सबसे सर्वोच्च पद होता है। राज्य में नीति निर्माण, नियन्त्रण तथा प्रशासनिक नेतृत्व में सर्वाधिक महत्त्वपूर्ण भूमिका का निर्वहन करता है। राज्य के मुख्य सचिव को केन्द्र के सचिवों के समकक्ष माना जाता है।
- **नियुक्ति** मुख्य सचिव की नियुक्ति मुख्यमन्त्री द्वारा की जाती है। यह भारतीय प्रशासनिक सेवा (IAS) वरिष्ठ अधिकारी होता है।
- राजस्थान के प्रथम मुख्य सचिव के. राधाकृष्णन थे। राज्य के वर्तमान मुख्य सचिव सुधांशु पन्त हैं।
- B.C माथुर ने चार मुख्यमन्त्रियों के साथ मुख्य सचिव के रूप में कार्य किया था।
- B.S. मेहता सर्वाधिक समय तक मुख्य सचिव रहे थे।
- श्रीमती कुशाल सिंह राज्य की प्रथम महिला मुख्य सचिव थी।

मुख्य सचिव की शक्तियाँ एवं भूमिका

- मुख्यमन्त्री का सलाहकार
- मन्त्रिमण्डलीय सचिव
- लोकसेवा प्रमुख
- राज्य का मुख्य समन्वयक
- सामान्य प्रशासन विभाग/प्रशासनिक सुधार विभाग/नियोजन विभाग का प्रमुख
- संकटकालीन प्रशासक

अध्याय 10 ~ राजस्थान के प्रमुख बोर्ड/संस्था/आयोग

राजस्थान के प्रमुख बोर्ड/संस्था/आयोग निम्नलिखित हैं

1. राजस्थान लोकसेवा आयोग (RPSC)

- 16 अगस्त, 1949 में तत्कालीन राजप्रमुख सवाई मानसिंह द्वितीय द्वारा RPSC अध्यादेश जारी किया गया, जो 20 अगस्त, 1949 से लागू हुआ तथा राजस्थान लोक सेवा आयोग की जयपुर मुख्यालय में स्थापना हुई।
- RPSC के प्रथम अध्यक्ष (कार्यवाहक) S.K. घोष थे।
- RPSC के प्रथम स्थायी अध्यक्ष S.C. त्रिपाठी थे।
- RPSC सबसे लम्बा कार्यकाल = देवी शंकर तिवाड़ी (1951-58)

  सबसे छोटा कार्यकाल = P.S. यादव (अक्टूबर-नवम्बर 1977)
- सत्यनारायण राव समिति की सिफारिश पर RPSC जयपुर से अजमेर स्थानान्तरित हुई।

  संगठन 1 अध्यक्ष + 7 सदस्य

  नियुक्ति राज्यपाल द्वारा

  कार्यकाल 6 वर्ष/62 की उम्र (जो भी पहले हो)।
- सेवानिवृत्ति के बाद अध्यक्ष/सदस्य लाभ का पद धारण नहीं कर सकते।
- **वार्षिक प्रतिवेदन** राज्यपाल को प्रस्तुत करते हैं।
- **हटाने की प्रक्रिया** सर्वोच्च न्यायालय की जाँच समिति की रिपोर्ट के आधार पर राष्ट्रपति हटाता है।
- **हटाने के आधार**
  - दिवालिया/मानसिक स्थिति विकृत होने पर
  - अपराधी/कदाचारी साबित होने पर
  - अन्य कोई लाभकारी पद ग्रहण करने पर

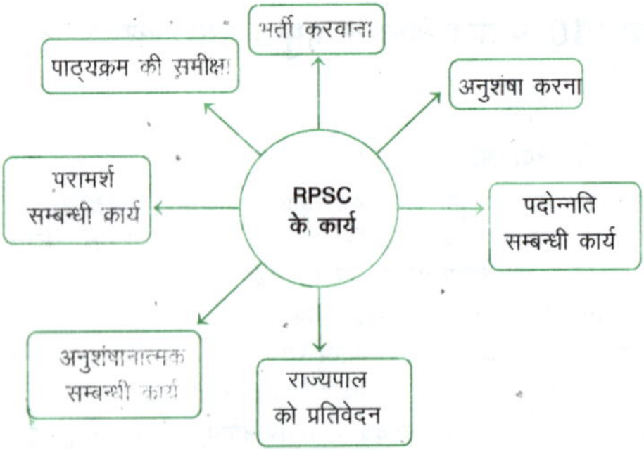

संवैधानिक प्रावधान

अनुच्छेद	विवरण
315 (1)	संघ लोकसेवा आयोग (UPSC) राज्य लोकसेवा आयोग (SPSC) की स्थापना का प्रावधान।
315 (2)	दो या दो से अधिक राज्यों के लिए संयुक्त लोकसेवा आयोग (JPSC) की स्थापना
316	लोकसेवा आयोग के सदस्यों की नियुक्ति व कार्यकाल
317	लोकसेवा आयोग के सदस्यों की बर्खास्तगी व निलम्बन
318	कर्मचारियों के सदस्यों की सेवा शर्तों के नियमन की शक्ति
319	आयोग के किसी सदस्य द्वारा सदस्य न रहने पर उस सदस्यता पर प्रतिबन्ध
320	लोकसेवा आयोग के कर्त्तव्य
321	लोकसेवा आयोग के कर्त्तव्यों में वृद्धि की शक्ति
322	लोकसेवा का विस्तार
323	लोकसेवा आयोग की रिपोर्ट

2. राजस्थान राज्य निर्वाचन आयोग

राजस्थान राज्य निर्वाचन आयोग एक संवैधानिक संस्था है।

राजस्थान राज्य निर्वाचन आयोग

↓ भाग 9 → अनुच्छेद-243 (K) → पंचायती संस्थाओं के लिए

↓ भाग 9 (A) → अनुच्छेद-243(ZA) → नगरीय संस्थाओं हेतु

- संविधान निर्माण के समय राज्य निर्वाचन आयोग का कोई प्रावधान शामिल नहीं किया गया था। 73 वें एवं 74 वें संविधान संशोधन अधिनियम, 1992 के द्वारा प्रत्येक राज्य में पंचायती राज संस्थाओं एवं नगरीय निकायों के चुनाव निष्पक्ष व समय पर करवाने हेतु अलग से राज्य निर्वाचन आयोग का प्रावधान किया गया।
- इसी आधार पर राजस्थान में राजस्थान पंचायती राज अधिनियम, 1994 पारित किया गया, जो 23 अप्रैल, 1994 से लागू हुआ और राजस्थान राज्य निर्वाचन आयोग की स्थापना 17 जून, 1994 को की गई तथा आयोग द्वारा 1 जुलाई, 1994 से कार्य करना प्रारम्भ किया गया। राजस्थान राज्य निर्वाचन आयोग का प्रमुख राज्य निर्वाचन आयुक्त होता है। यह एक सदस्य निकाय है। इसमें एक सचिव भी होता है, जो राज्य का मुख्य निर्वाचन अधिकारी होता है। इसका मुख्यालय जयपुर में है।

राज्य निर्वाचन आयुक्तों की सूची

क्र.स.	आयुक्त का नाम	कार्यकाल
1.	श्री अमर सिंह राठौड़	01.07.1994–01.07.2000
2.	श्री नेकराम भसीन	02.07.2000–02.07.2002
3.	श्री इन्द्रजीत खन्ना	26.12.2002–26.12.2007
4.	श्री अशोक कुमार पाण्डे	01.10.2008-30.09.2013
5.	श्री राम लुभाया	01.10.2013–02.04.2017
6.	श्री प्रेम सिंह मेहरा	03.07.2017–03.07.2022
7	श्री मधुकर गुप्ता	14.08.2022 से लगातार

- **नियुक्ति** राज्य निर्वाचन आयुक्त की नियुक्ति राज्यपाल द्वारा मन्त्रिपरिषद् की सलाह से की जाती है।
- **कार्यकाल** राज्य निर्वाचन आयुक्त का कार्यकाल पद ग्रहण से 5 वर्ष या 65 वर्ष की आयु (जो भी पहले हो) तक होता है। निर्वाचन आयुक्त कार्यकाल की समाप्ति से पूर्व भी राज्यपाल को सम्बोधित कर त्यागपत्र दे सकता है।
- **पद से हटाना** राज्य निर्वाचन आयुक्त को पद से उसी प्रकार हटाया जाता है, जिस प्रकार उच्च न्यायालय के न्यायाधीश को हटाया जाता है अर्थात् संसद द्वारा महाभियोग प्रस्ताव पारित करने के बाद राष्ट्रपति द्वारा।
- **सेवा-शर्तें** राज्य निर्वाचन आयुक्त की पदावधि और सेवा-शर्तों और वेतन-भत्ते का निर्धारण राज्यपाल, विधानमण्डल द्वारा निर्मित अधिनियम के आधार पर किया जाता है। कार्यकाल के दौरान इनमें कोई भी अलाभकारी परिवर्तन नहीं किया जा सकता। राज्य निर्वाचन आयुक्त को वेतन उच्च न्यायालय के न्यायाधीशों के समान मिलता है।

राज्य निर्वाचन आयुक्त के कार्य

- पंचायती राज संस्थाओं एवं नगर निकायों के चुनावों से पूर्व जन प्रतिनिधित्व अधिनियम, 1951 को तहत मतदाता सूची को अपडेट करना।
- चुनाव चिह्न आवण्टन उससे सम्बन्धित विवादों का निपटारा करना। स्थानीय निकायों (पंचायती राज व नगरीय संस्थाओं) के चुनाव करवाना (आम चुनाव, उपचुनाव के अधीक्षण एवं निरीक्षण तथा सुचारू रूप से निष्पक्ष चुनाव सम्पन्न कराने हेतु मतदान अधिकारियों की नियुक्ति करना।
- विभिन्न राजनीतिक दलों को आकाशवाणी पर राष्ट्रीय प्रसारण के समय चुनाव प्रचार करने हेतु समय एवं तिथि आवण्टन करना।
- मतदान केन्द्र पर हुई किसी अनियमित/सन्देहात्मक गतिविधि के आधार पर निर्वाचन आयुक्त उस चुनाव को रद्द कर पुनः निर्वाचन की घोषणा कर सकता है।
- चुनाव सम्बन्धी शिकायतों की सत्यता की पुष्टि होने पर चुनाव स्थगित करना। उसके इस अधिकार को किसी भी न्यायालय में चुनौती नहीं दी जा सकती।
- आदर्श आचार संहिता लागू करना।
- परिसीमन में आरक्षण सम्बन्धी कार्य।
- चुनावी कार्यों को सुचारू रूप से सम्पन्न करवाने के लिए राज्यपाल से आवश्यक मशीनरी व अन्य सामग्री का आग्रह करना।

- निर्वाचन में भाग लेने वाले उम्मीदवारों की योग्यताओं का परीक्षण करवाना एवं योग्य न पाए जाने पर उनको अयोग्य घोषित करना।

अन्य महत्त्वपूर्ण तथ्य

- निर्वाचन आयोग में एक सचिव होता है, जो चुनाव आयुक्त को आयोग के सभी कार्यों के अधीक्षण, पर्यवेक्षण, नियन्त्रण व निर्देशन में सहायता प्रदान कर निष्पक्ष चुनाव करवाने में उसकी सहायता करता है। सचिव की नियुक्ति राज्य सरकार द्वारा आई.ए. एस. अधिकारियों में से की जाती है।
- राजस्थान में पंचायती राज संस्थाओं के चुनाव पहली बार वर्ष 1960 में पंचायती राज विभाग द्वारा करवाए गए थे।
- राजस्थान निर्वाचन आयोग (SEC) द्वारा पहली बार चुनाव वर्ष 1995 में करवाए गए। इसके बाद प्रत्येक 5 वर्ष में एवं समय से पूर्व विघटन होने की स्थिति में पंचायती राज संस्थाओं के चुनाव राज्य निर्वाचन आयोग ही सम्पन्न करवाता है।

3. राजस्थान राज्य सूचना आयोग

- राजस्थान राज्य सूचना आयोग की स्थापना 18 अप्रैल, 2006 को हुई। यह एक वैधानिक संस्था है। इसका निर्माण सूचना का अधिकार अधिनियम, 2005 के तहत हुआ।
- **प्रथम मुख्य सूचना आयुक्त** M. D. कोरानी
- **वर्तमान मुख्य सूचना आयुक्त** M. L. ठाकर
- **संगठन** 1 मुख्य सूचना आयुक्त + अधिकतम 10 सूचना आयुक्त

राज्य सूचना आयोग (SIC) **के बारे में**

- राज्य सूचना आयोग (SIC) भारत में एक सांविधिक निकाय है, जिसे सूचना का अधिकार अधिनियम (2005) के प्रावधानों के तहत गठित किया गया है।
  - इस प्रकार, यह एक संवैधानिक निकाय नहीं है।
  - यह राज्य सरकार के संगठनों में RTI अधिनियम को लागू करने के लिए पर्यवेक्षक के रूप में कार्य करता है।
  - आयोग के द्वारा RTI अधिनियम से सम्बन्धित मामलों तथा राज्य सरकार के अन्तर्गत सार्वजनिक कार्यालयों से सम्बन्धित अपीलों का निर्णय किया जाता है।

राज्य सूचना आयोग (SIC) **की संरचना**

- राज्य सूचना आयोग (SIC) में एक राज्य मुख्य सूचना आयुक्त और दस से अधिक राज्य सूचना आयुक्त होते हैं।
- इनकी नियुक्ति राज्यपाल द्वारा एक समिति की सिफारिश पर की जाती है, जिसमें शामिल होते हैं
  - अध्यक्ष के रूप में मुख्यमन्त्री,
  - विधानसभा में विपक्ष के नेता
  - मुख्यमन्त्री द्वारा नामित एक राज्य कैबिनेट मन्त्री।

राज्य सूचना आयोग (SIC) **सदस्यों की योग्यताएँ**

- राज्य मुख्य सूचना आयुक्त और राज्य सूचना आयुक्त सार्वजनिक जीवन में एक प्रतिष्ठित व्यक्ति होने चाहिए, जिनके पास निम्न क्षेत्रों में व्यापक ज्ञान और अनुभव हो
  - विधि
  - विज्ञान और प्रौद्योगिकी
  - समाज सेवा
  - प्रबन्धन
  - पत्रकारिता
  - संचार मीडिया
  - प्रशासन और शासन
- वे निम्नलिखित नहीं होने चाहिए
  - किसी भी राज्य या केन्द्रशासित प्रदेश की संसद या विधानमण्डल के सदस्य
  - किसी अन्य लाभ के पद पर आसीन
  - किसी राजनीतिक दल से जुड़े हों
  - किसी व्यवसाय तथा पेशे में संलग्न नहीं होने चाहिए।

राज्य सूचना आयोग (SIC) **सदस्यों का कार्यकाल**

- **राज्य मुख्य सूचना आयुक्त** तथा **राज्य सूचना आयुक्त** केन्द्र सरकार द्वारा निर्धारित अवधि के लिए या **65 वर्ष की आयु** प्राप्त करने तक, जो भी पहले हो, पद धारण करते हैं।
- राज्य मुख्य सूचना आयुक्त के साथ-साथ राज्य सूचना आयुक्त भी पुनर्नियुक्ति के पात्र नहीं होते हैं।
- राज्य सूचना आयुक्त को राज्य मुख्य सूचना आयुक्त के रूप में नियुक्त किया जा सकता है, बशर्ते कि राज्य सूचना आयुक्त के रूप में उनका कार्यकाल सहित कुल कार्यकाल पाँच वर्ष से अधिक न हो।

राज्य सूचना आयोग के सदस्यों को उनके पद से हटाना

- राज्यपाल राज्य मुख्य सूचना आयुक्त या किसी भी राज्य सूचना आयुक्त को कार्यालय से हटा सकते हैं, यदि वह
  - दिवालिया घोषित कर दिया गया है या
  - ऐसे अपराध में दोषी ठहराया गया है, जो राज्यपाल की राय में नैतिक चरित्रहीनता है।
  - अपने कार्यकाल के दौरान अपने कार्यालय के कर्त्तव्यों के बाहर किसी भी भुगतान वाले रोजगार में संलग्न होते हैं।
  - राज्यपाल की राय में मानसिक या शारीरिक रूप से अशक्त होने के कारण पद पर बने रहने के लिए अयोग्य है।
  - वे किसी ऐसे लाभ को प्राप्त करते हुए पाए जाते हैं, जिससे उनके कार्य या निष्पक्षता प्रभावित होती है।
- उपरोक्त परिस्थितियों के अतिरिक्त राज्यपाल साबित कदाचार या अक्षमता के आधार पर राज्य मुख्य सूचना आयुक्त या किसी भी राज्य सूचना आयुक्त को उनके पद से हटा सकते हैं।
  - हालाँकि, ऐसे मामलों में राज्यपाल को जाँच के लिए मामले को उच्चतम न्यायालय को प्रेषित करना पड़ता है।
  - यदि जाँच के बाद उच्चतम न्यायालय द्वारा हटाने के कारण को सही ठहराया जाता है और ऐसी सलाह दी जाती है, तो राज्यपाल द्वारा उन्हें हटाया जा सकता है।

राज्य सूचना आयोग (SIC) के वेतन और सेवा शर्तें

- राज्य मुख्य सूचना आयुक्त और राज्य सूचना आयुक्त के वेतन, भत्ते और अन्य सेवा शर्तें केन्द्र सरकार द्वारा निर्धारित की जाती हैं।
- उनके वेतन और सेवा शर्तों में उनकी सेवा के दौरान अलाभकारी परिवर्तन नहीं किए जा सकते।

राज्य सूचना आयोग (SIC) के कार्य

आयोग का कर्त्तव्य है कि वह ऐसे किसी व्यक्ति की शिकायत प्राप्त करें और उसकी जाँच करें, जो

- जन सूचना अधिकारी की नियुक्ति नहीं होने के कारण सूचना प्रार्थना पत्र प्रस्तुत करने में असमर्थ हों।
- माँगी गई सूचना को देने से इनकार कर दिया गया हो।

- जिसे निर्धारित समय-सीमा के भीतर अपनी सूचना अनुरोध का जवाब प्राप्त नहीं हुआ हो।
- ऐसी फीस की रकम अदा करने की अपेक्षा की गई हो, जो वह अनुचित समझता हो।
- यदि व्यक्ति को प्रदान की गई सूचना अपूर्ण, भ्रामक और मिथ्या हों।

  आयोग इस अधिनियम के प्रावधानों के कार्यान्वयन पर एक वार्षिक रिपोर्ट राज्य सरकार को सौंपता है।
- राज्य सरकार इस रिपोर्ट को विधानसभा के समक्ष रखती है।

राज्य सूचना आयोग (SIC) **की शक्तियाँ**

- उचित आधार होने पर आयोग किसी भी मामले में स्वतः संज्ञान लेकर जाँच का आदेश दे सकता है।
- जाँच करते समय आयोग को निम्नलिखित मामलों के सम्बन्ध में एक सिविल न्यायालय की शक्तियाँ प्राप्त होती हैं
  - किसी भी व्यक्ति को उपस्थित होने तथा उन्हें शपथ पर मौखिक या लिखित साक्ष्य देने एवं दस्तावेज प्रस्तुत करने के लिए बाध्य करना।
  - दस्तावेजों की खोज और निरीक्षण की आवश्यकता।
  - शपथ पत्र पर साक्ष्य प्राप्त करना।
  - किसी भी न्यायालय या कार्यालय से किसी भी सार्वजनिक रिकॉर्ड की माँग करना।
  - गवाहों या दस्तावेजों की जाँच के लिए समन जारी करना।
  - कोई अन्य मामला जो निर्धारित किया जा सकता है।
- शिकायत की जाँच के दौरान, आयोग किसी भी ऐसे रिकॉर्ड की जाँच कर सकता है, जो सार्वजनिक प्राधिकरण के नियन्त्रण में है और ऐसे किसी भी रिकॉर्ड को किसी भी आधार पर रोका नहीं जा सकता है।
  - दूसरे शब्दों में, जाँच के लिए आयोग के समक्ष सभी सार्वजनिक रिकॉर्ड प्रस्तुत किए जाने चाहिए।
- आयोग के पास सार्वजनिक प्राधिकरण के द्वारा अपने निर्णयों का अनुपालन सुनिश्चित कराने की शक्ति है। इसमें शामिल हैं
  - किसी विशेष रूप में सूचना तक पहुँच प्रदान करना।
  - जहाँ कोई सार्वजनिक सूचना अधिकारी न हो वहाँ उसे नियुक्त करने का आदेश देना।
  - सूचना या सूचना की श्रेणियों को प्रकाशित करना।
  - अभिलखों के प्रबन्धन, रख-रखाव से सम्बन्धित पद्धतियों में आवश्यक परिवर्तन करना।

- सूचना के अधिकार पर अधिकारियों के लिए प्रशिक्षण प्रावधान को सुनिश्चित करना।
- इस अधिनियम के अनुपालन पर सार्वजनिक प्राधिकरण से वार्षिक रिपोर्ट प्राप्त करना।
- आवेदक को हुए किसी भी नुकसान या अन्य क्षति के लिए सार्वजनिक प्राधिकरण को क्षतिपूर्ति की माँग करना।
- इस अधिनियम के तहत जुर्माना लगाना और
- आवेदन को अस्वीकार करना।

• जब कोई सार्वजनिक प्राधिकरण इस अधिनियम के प्रावधानों का पालन नहीं करता है, तो आयोग, प्राधिकरण के विरुद्ध ऐसे कदम उठाने की सिफारिश कर सकता है, जो इस तरह के अनुरूपता को बढ़ावा देने हेतु उठाए जाने चाहिए।

सूचना का अधिकार (RTI) अधिनियम, 2005

• सूचना का अधिकार (RTI) अधिनियम, 2005 भारत में एक ऐतिहासिक कानून है, जो आम नागरिकों को सरकार और उसके कार्यों से सम्बन्धित निर्णयों पर सवाल पूछने का अधिकार देता है। इसका प्रयोग नागरिकों और मीडिया द्वारा व्यापक रूप से भ्रष्टाचार को रोकने, सरकारी कार्यों में प्रगति, खर्च से जुड़ी जानकारी आदि को प्राप्त करने के लिए किया जाता है।

RTI अधिनियम, 2005 क्या है?

• सूचना का अधिकार (RTI) अधिनियम, 2005 भारतीय नागरिकों को कुछ अपवादों और सीमाओं के अन्तर्गत सरकारी निकायों और सार्वजनिक प्राधिकरणों के अधीन सूचना तक पहुँचने का कानूनी अधिकार देता है।
• इसका उद्देश्य सार्वजनिक प्राधिकरणों के कामकाज में पारदर्शिता और जवाबदेही को बढ़ावा देना है।
• इसने सूचना की स्वतन्त्रता अधिनियम, 2002 का स्थान लिया।
• यह वाक और अभिव्यक्ति की स्वतन्त्रता (अनुच्छेद 19) के मौलिक अधिकार में निहित सूचना के अधिकार को लागू करने के लिए प्रतिबद्ध है।

RTI अधिनियम, 2005 के उद्देश्य

RTI अधिनियम, 2005 के उद्देश्य निम्नलिखित हैं

• नागरिकों को सरकार से सवाल पूछने और जानकारी माँगने के लिए सशक्त बनाना।
• सरकार के कामकाज में पारदर्शिता और जवाबदेही को बढ़ावा देना।
• सरकार में भ्रष्टाचार को रोकना।

- नागरिकों को बेहतर जानकारी प्रदान करना, जिससे वे सरकारी तन्त्र के कामकाज पर आवश्यक निगरानी रख सकें।

4. राजस्थान राज्य वित्त आयोग

- **संवैधानिक प्रावधान** राज्य वित्त आयोग एक संवैधानिक संस्था है। संविधान में पंचायती राज संस्थाओं हेतु भाग-9, अनुच्छेद-243 (झ) एवं नगरीय संस्थाओं हेतु भाग-9क, अनुच्छेद-243Y (म) में राज्य वित्त आयोग का प्रावधान किया गया है।
- **कार्यकाल** 05 वर्ष
- **नियुक्ति** राज्य वित्त आयोग के अध्यक्ष व सदस्यों की नियुक्ति मन्त्रिपरिषद् की सलाह से राज्यपाल करता है। राज्य वित्त आयोग में अध्यक्ष के अतिरिक्त चार सदस्य हो सकते हैं।
- **योग्यता** दो सदस्य न्यायिक पृष्ठभूमि से, एक सदस्य लेखा मामलों का विशेषज्ञ तथा एक सदस्य आर्थिक मामलों का विशेषज्ञ होना चाहिए। अध्यक्ष पद हेतु किसी विशेष योग्यता का उल्लेख नहीं है।
- **त्याग-पत्र** राज्य वित्त आयोग के अध्यक्ष एवं सदस्य अपना त्याग-पत्र राज्यपाल को देते हैं।
- **हटाने की प्रक्रिया** राज्य सरकार (मन्त्रिपरिषद्) की अनुशंसा पर राज्यपाल द्वारा।
- **प्रतिवेदन** आयोग द्वारा वार्षिक प्रतिवेदन राज्यपाल को दिया जाता है, जिसे राज्यपाल राज्य विधानमण्डल के समक्ष रखवाते हैं।

5. राजस्थान राज्य मानवाधिकार आयोग

- मानव अधिकार संरक्षण अधिनियम, 1993 जो संसद द्वारा पारित एक अधिनियम है, के अनुसार राष्ट्रीय स्तर पर राष्ट्रीय मानव अधिकार आयोग एवं राज्य स्तर पर राज्य मानव अधिकार आयोग को स्थापित करने की व्यवस्था है।
- राजस्थान राज्य मानव अधिकार आयोग देश के अग्रणी राज्य आयोगों में से एक है। इस आयोग ने अल्पावधि में ही मानव अधिकारों के संरक्षण एवं उन्नयन को बढ़ावा देने के लिए अपने उद्देश्य में कई मील के पत्थर हासिल किए हैं।
- राजस्थान की राज्य सरकार ने 18 जनवरी, 1999 को एक अधिसूचना राजस्थान राज्य मानव अधिकार आयोग के गठन के सम्बन्ध में जारी की, जिसमें मानव

अधिकार संरक्षण अधिनियम, 1993 के प्रावधानानुसार एक पूर्णकालिक अध्यक्ष एवं चार सदस्य रखे गए।

- अध्यक्ष एवं चार सदस्यों की नियुक्ति कर आयोग का गठन किया गया और मार्च, 2000 से यह आयोग क्रियाशील हो गया था।
- मानव अधिकार संरक्षण (संशोधित) अधिनियम, 2006 के अनुसार राज्य मानव अधिकार आयोग में एक अध्यक्ष और दो सदस्यों का प्रावधान किया गया है।

राज्य मानवाधिकार आयोग (SHRC) की संरचना

- राज्य मानवाधिकार आयोग एक 3 सदस्यीय निकाय है, जिसमें एक अध्यक्ष तथा दो अन्य सदस्य होते हैं। एक सदस्य न्यायिक (judicial) तथा दूसरा सदस्य गैर-न्यायिक (non- judicial) होता है।
- आयोग का अध्यक्ष उच्च न्यायालय का सेवानिवृत्त मुख्य न्यायाधीश तथा सदस्य उच्च न्यायालय का सेवानिवृत्त या कार्यरत न्यायाधीश होता है।
- राज्य के जिला न्यायालय का कोई न्यायाधीश, जिसे कम-से-कम 7 वर्ष का अनुभव हो अथवा कोई भी ऐसा व्यक्ति जिसे मानवाधिकारों के बारे में विशेष अनुभव हो, इस आयोग का सदस्य बन सकता है।
- इस आयोग के अध्यक्ष एवं अन्य सदस्यों की नियुक्ति सम्बन्धित राज्य के राज्यपाल द्वारा एक 6 सदस्यीय समिति की अनुशंसा पर की जाती है। राज्य का मुख्यमन्त्री इस समिति का अध्यक्ष होता है। राज्य विधानसभा अध्यक्ष, राज्य का गृहमन्त्री तथा राज्य विधानसभा में विपक्ष का नेता इस समिति के अन्य सदस्य होते हैं। ऐसे राज्यों में जहाँ विधानमण्डल द्वि-सदनीय होता है, विधानपरिषद् का अध्यक्ष एवं विधानपरिषद् में विपक्ष के नेता भी इस समिति के सदस्य होते हैं।
- आयोग के अध्यक्ष एवं अन्य सदस्यों का कार्यकाल 5 वर्ष या 70 वर्ष की आयु (दोनों में से जो भी पहले हो) तक होता है।
- आयोग से कार्यकाल पूरा होने के बाद अध्यक्ष एवं अन्य सदस्य न तो केन्द्र सरकार और न ही राज्य सरकार के अधीन कोई सरकारी पद ग्रहण कर सकते हैं।
- उल्लेखनीय है कि मानवाधिकार संरक्षण (संशोधन) प्रस्ताव, 2019 के तहत सेवानिवृत्त होने की समय-सीमा (tenure) 5 वर्ष से घटाकर 3 वर्ष कर दी गई है। साथ ही आयोग से कार्यकाल पूरा होने के बाद अध्यक्ष एवं अन्य सदस्य पुनर्नियुक्ति के भी पात्र होंगे।

राजस्थान राज्य मानव अधिकार आयोग की संगठनात्मक संरचना

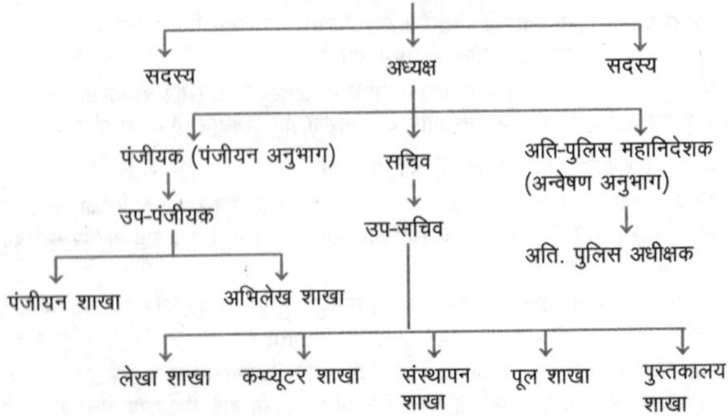

- राज्य मानव अधिकार आयोग के अध्यक्ष एवं अन्य सदस्यों की नियुक्ति राज्यपाल करते हैं, लेकिन उन्हें उनके पद से केवल राष्ट्रपति द्वारा हटाया जा सकता है।
- राष्ट्रपति इन्हें उसी आधार एवं उसी तरह पद से हटा सकते हैं, जिस प्रकार वे राष्ट्रीय मानव अधिकार आयोग के अध्यक्ष एवं अन्य सदस्यों को हटाते हैं।
- वे अध्यक्ष एवं अन्य सदस्यों को निम्न परिस्थितियों में पद से हटा सकते हैं
  - यदि वह दिवालिया हो गया हो।
  - यदि आयोग में अपने कार्यकाल के दौरान उसने कोई लाभ का सरकारी पद धारण कर लिया हो।
  - यदि वह दिमागी या शारीरिक तौर पर अपने दायित्वों के निवर्हन के अयोग्य हो गया हो।
  - यदि वह मानसिक रूप से अस्वस्थ हो तथा सक्षम न्यायालय द्वारा उसे अक्षम घोषित कर दिया गया हो।
  - यदि किसी अपराध के सम्बन्ध में उसे दोषी सिद्ध किया गया हो तथा उसे कारावास की सजा दी गई हो।
  - इसके अतिरिक्त, राष्ट्रपति आयोग के अध्यक्ष एवं अन्य सदस्यों को सिद्ध कदाचार या अक्षमता के आधार पर भी पद से हटा सकते हैं। ऐसे मामलों को जाँच के लिए

उच्चतम न्यायालय के पास भेजा जाता है और यदि उच्चतम न्यायालय जाँच के उपरान्त मामले को सही पाता है, तो वह राष्ट्रपति को इस बारे में सलाह देता है, जिसके उपरान्त राष्ट्रपति अध्यक्ष एवं अन्य सदस्यों को पद से हटा देते हैं।

राज्य मानवाधिकार आयोग के अध्यक्ष एवं अन्य सदस्यों के वेतन एवं भत्तों का निर्धारण

राज्य मानवाधिकार आयोग के अध्यक्ष एवं अन्य सदस्यों के वेतन व भत्तों एवं अन्य सेवा शर्तों का निर्धारण राज्य सरकार ही करती है, लेकिन उनके कार्यकाल के दौरान इसमें किसी प्रकार का अलाभकारी परिवर्तन नहीं किया जा सकता; जैसे - वेतन या सुविधा में कमी अथवा कार्यकाल की सीमा में कमी इत्यादि।

आयोग निम्नलिखित सभी या किन्हीं कृत्यों का निष्पादन करेगा अर्थात्

- स्वप्रेरणा से अथवा किसी पीड़ित या उसके/उसकी ओर से किसी व्यक्ति द्वारा
  - मानवाधिकारों का उल्लंघन अथवा दुष्प्रेरण
  - ऐसे उल्लंघन को रोकने में लोक सेवक द्वारा लापरवाही से सम्बन्धित अर्जी प्रस्तुत किए जाने पर जाँच-पड़ताल करना।
- मानवाधिकारों के उल्लंघन से सम्बन्धित किसी कार्यवाही में दखल देना (यदि कार्यवाही किसी न्यायालय में लम्बित है, तो उस न्यायालय के अनुमोदन के पश्चात्)
- राज्य सरकार के नियन्त्रणाधीन किसी कारागार या कोई अन्य संस्था का, जहाँ पर उपचार, सुधार या संरक्षण के प्रयोजनार्थ व्यक्तियों को रखा जाता है या निरुद्ध किया जाता है, में निवास करने वालों की जीवन दशाओं का अध्ययन करने के लिए निरीक्षण करेगा।
- मानवाधिकार के संरक्षण के लिए संविधान अथवा तत्समयप्रवत्त किसी अन्य विधि द्वारा।

अधीन उपबन्धितरक्षोपायों का पुनर्विलोकन करना

- उन बातों का पुनर्विलोकन करना जो मानवाधिकार के उपभोग में अवरोध उत्पन्न करती हैं।
- मानवाधिकार के क्षेत्र में शोध तथा उसका संवर्धन करना।
- मानवाधिकार का प्रसार करना तथा प्रकाशन, मीडिया, सेमिनार या अन्य उपलब्ध साधनों के माध्यम से इनके संरक्षण के लिए उपलब्ध रक्षोपाय की जागरूकता को बढ़ावा देना।
- मानवाधिकार के क्षेत्र में गैर-सरकारी संगठनों एवं संस्थाओं के प्रयासों को प्रोत्साहित करना।

- अन्य ऐसे कृत्यों का पालन करना, जिसे आयोग मानवाधिकारों के संरक्षण के लिए आवश्यक समझे।
- यद्यपि सामान्य रूप से आयोग लोक सेवक द्वारा मानवाधिकार का उल्लंघन (अथवा उसका दुष्प्रेरण) से सम्बन्धित मामले की जाँच-पड़ताल करेगा, परन्तु जहाँ आम नागरिक द्वारा मानवाधिकारों का उल्लंघन होता हो और यदि ऐसे उल्लंघन को रोकने में लोक सेवक असफल रहे हों अथवा उसकी अवहेलना करें, तो वैसे मामलों में भी आयोग हस्तक्षेप कर सकता है।

7. राजस्थान लोकायुक्त

- राजस्थान प्रशासनिक सुधार समिति 1963 की सिफारिश पर राजस्थान में 28 अगस्त, 1973 को प्रथम लोकायुक्त श्री आई डी दुआ की नियुक्ति राज्यपाल द्वारा की गई, जो सर्वोच्च न्यायालय के सेवानिवृत्त न्यायाधीश थे तथा श्री के पी यूमेनन को 5 जून, 1973 को प्रथम उपलोकायुक्त बनाया गया।
- राजस्थान लोकायुक्त एवं लोकायुक्त अधिनियम, 1973 पारित किया गया, जो 3 फरवरी, 1973 से प्रभावी हुआ एवं 26 मार्च, 1973 को राष्ट्रपति द्वारा इसे स्वीकृति प्रदान की गई।
- इस अधिनियम के अन्तर्गत मन्त्रियों तथा लोक सेवकों के विरुद्ध भ्रष्टाचार और बेईमानी पूर्व कार्यवाही करने से सम्बन्धित आरोप का अन्वेषण करने के लिए लोकायुक्त तथा उप लोकायुक्त की नियुक्ति का प्रावधान किया गया है। लोकायुक्त सरकार को सिफारिश कर सकता है वह स्वयं कोई दण्ड देने की शक्ति नहीं रखता।

इतिहास

- विश्व के अधिकांश देशों में जिस संस्था को ऑम्बुड्समैन कहा जाता है, उसे हमारे देश में लोकपाल या लोकायुक्त के नाम से जाना जाता है। भारत में लोकपाल या लोकायुक्त नाम 1963 में मशहूर कानूनविद डॉ. एल. एम. सिंघवी ने दिया था। लोकपाल शब्द संस्कृत भाषा के शब्द लोक (लोगों) और पाला (संरक्षक) से बना है।
- लोकपाल या ऑम्बुड्समैन नामक संस्था ने प्रशासन के प्रहरी बने रहने में अन्तर्राष्ट्रीय सफलता प्राप्त की है। इसका प्रारम्भिक श्रेय स्वीडन को जाता है, जहाँ सर्वप्रथम इस संस्था की अवधारणा की कल्पना की गई। वहाँ वर्ष 1713 में किंग चार्ल्स 12 ने कानून का उल्लंघन करने वाले अधिकारियों को दण्डित करने के लिए अपने एक सभासद को नियुक्त किया। स्वीडन में नया संविधान बनाने हेतु गठित संविधान सभा के सदस्यों का आग्रह रहा कि पूर्व व्यवस्था से भिन्न उनका ही एक अधिकारी जाँच का

कार्य करे, जो किसी भी स्थिति में सरकारी अधिकारी नहीं होना चाहिए। इस पर 1809 ई. में स्वीडन के संविधान में 'ऑम्बुड्समैन फॉर जस्टिस' के रूप में प्रथम बार इस संस्था की व्यवस्था हुई, जो लोक सेवकों द्वारा कानूनों तथा विनियमों के उल्लंघन के प्रकरणों की जाँच करेगा।

- स्वीडन के बाद धीरे-धीरे आस्ट्रिया, डेनमार्क तथा अन्य स्केण्डीनेवियन देशों और फिर अफ्रीका, एशिया, ऑस्ट्रेलिया, अमेरिका एवं यूरोप के कई देशों में भी 'ऑम्बुड्समैन' के कार्यालय स्थापित हुए। फिनलैण्ड में वर्ष 1919 में, डेनमार्क में वर्ष 1954 में, नार्वे में वर्ष 1961 में व ब्रिटेन में वर्ष 1967 में भ्रष्टाचार समाप्त करने के उद्देश्य से ऑम्बुड्समैन की स्थापना की गई। अब तक 135 से अधिक देशों में 'ऑम्बुड्समैन' की नियुक्ति की जा चुकी है।
- ऑम्बुड्समैन स्वीडिश भाषा का एक शब्द है जिसका शाब्दिक अर्थ लोगों का रिप्रेजेण्टेटिव या एजेण्ट होता है। वस्तुतः 'ऑम्बुड्समैन' का अर्थ एक ऐसे व्यक्ति से है जिसे कुप्रशासन, भ्रष्टाचार, विलम्ब, अकुशलता, अपारदर्शिता एवं पद के दुरुपयोग से नागरिक अधिकारों की रक्षा हेतु नियुक्त किया जाए। ब्रिटेनिका विश्वकोष में ऑम्बुड्समैन को नौकरशाही की शक्तियों के दुरुपयोग के सम्बन्ध में नागरिकों द्वारा की गई शिकायतों की जाँच करने हेतु व्यवस्थापिका का आयुक्त कहा गया है।
- विभिन्न देशों में ऑम्बुड्समैन को भिन्न-भिन्न नामों से जाना जाता है। ब्रिटेन, डेनमार्क एवं न्यूजीलैण्ड में यह संस्था 'संसदीय आयुक्त' (Parliamentary Commissioner) के नाम से पहचानी जाती है। रूस में इसे वक्ता अथवा प्रोसिक्यूटर के नाम से जाना जाता है।
- देश के कई प्रबुद्ध चिन्तकों ने इस संस्था की आवश्यकता व उपादेयता पर लिखा है। उदाहरण के तौर पर सर्वोच्च न्यायालय के पूर्व न्यायाधीश श्री गजेन्द्रगढ़कर ने अपनी पुस्तक 'लॉ, लिबर्टी एण्ड सोशियल जस्टिस' में यह उल्लेख किया है कि जब तक हम भारत में 'ऑम्बुड्समैन' जैसी संस्था का विकास नहीं करते और संविधान में संशोधन करके अथवा विधायी प्रक्रिया के माध्यम से इस संस्था को संवैधानिक दर्जा प्रदान नहीं करते, तब तक देश में भ्रष्टाचार रूपी समस्या का प्रभावकारी रूप से निदान नहीं हो सकेगा।
- भ्रष्टाचार राष्ट्र का कोढ़ है और प्रशासन की एक प्रमुख समस्या बन गया है। इसे मिटाने और दूर करने के लिए विभिन्न देशों और राज्यों में समय-समय पर अनेक कदम उठाए गए हैं। वर्ष 1963 में राजस्थान में भी प्रशासनिक सुधार समिति ने अपने प्रतिवेदन में 'ऑम्बुड्समैन' जैसी एक कानूनी संस्था के गठन की सिफारिश की,

जिसका कार्य कार्यपालिका की कार्यवाहियों पर नजर रखना तथा ऐसे मामले', जिनमें सरकार की किसी भी एजेन्सी द्वारा की गई कार्यवाही अवैध, अन्यायपूर्ण या मनमानी हो, विद्यमान नियमों या स्थापित प्रक्रिया से विपरीत एवं इनके उल्लंघन में हो तथा उन शिकायतों, जिनमें भ्रष्टाचार का स्पष्ट आरोप लगाया गया हो, में अन्वेषण करना हो।

- हमारे देश में 5 जनवरी, 1966 को श्री मोरारजी देसाई की अध्यक्षता में पहले प्रशासनिक सुधार आयोग का गठन किया गया। इस आयोग ने 'प्रॉब्लम ऑफ रिड्रेस ऑफ सिटीजन्स ग्रीवन्सेज' से सम्बन्धित अपने वर्ष 1966 के अन्तरिम प्रतिवेदन में व्यवस्था में व्याप्त भ्रष्टाचार, चारों ओर फैली अकुशलता तथा जनसामान्य की आवश्यकताओं के प्रति प्रशासन की संवेदनशून्यता के विरुद्ध प्रायः उभरने वाले आक्रोश पर विचार कर यह सिफारिश की थी कि जन अभियोग निवारण तथा दुराचारपूर्ण व्यवस्था से उत्पन्न भ्रष्टाचार और अन्याय का अभिकथन करने वाली शिकायतों की जाँच के लिए केन्द्र में लोकपाल तथा राज्यों में लोकायुक्त नामक कानूनी संस्था की स्थापना की जाए, किन्तु इस सिफारिश को पर्याप्त लम्बे समय तक स्वीकार नहीं किया गया। अब स्वीकार तो किया गया है, किन्तु इसकी क्रियान्विति अभी मूर्त रूप नहीं ले सकी है।
- सर्वप्रथम वर्ष 1970 में उड़ीसा में लोकपाल की स्थापना हुई, जहाँ 1995 में पुनः नया लोकपाल एवं लोकायुक्त अधिनियम बना। अभी हाल ही में ओडिशा विधानसभा ने अत्यन्त प्रभावी प्रावधानों को समाहित करते हुए ओडिशा लोकायुक्त बिल 2014 पारित कर दिया है। वर्ष 1971 में महाराष्ट्र में, 1973 में राजस्थान में और इसके उपरान्त लगभग 20 से अधिक राज्यों में लोकायुक्त संस्था की स्थापना हुई। इसके पूर्व भी राजस्थान में जन अभियोग की देखभाल के लिए जन अभियोग निराकरण विभाग विद्यमान था, किन्तु सरकार के इस तन्त्र में किसी ऐसी संस्था का प्रावधान नहीं था, जिसके द्वारा मन्त्रियों, सचिवों और लोक सेवकों के विरुद्ध पद के दुरुपयोग, भ्रष्टाचार और निष्क्रियता की शिकायतों की जाँच व अन्वेषण किया जा सके। फलस्वरूप जनता में विश्वास और सन्तोष की भावना की अभिवृद्धि करने के लिए तथा स्वच्छ, ईमानदार और सक्षम प्रशासन प्रदान करने हेतु मन्त्रियों, सचिवों और लोक सेवकों के विरुद्ध पद के दुरुपयोग, भ्रष्टाचार एवं अकर्मण्यता आदि की शिकायतों को देखने तथा उनमें अन्वेषण करने के लिए स्वतन्त्र एजेंसी का सृजन करना, तुरन्त आवश्यक समझा गया और इस उद्देश्य की अभिप्राप्ति के लिए वर्ष 1973 में

राजस्थान लोकायुक्त तथा उप-लोकायुक्त अध्यादेश पारित हुआ, जो 3 फरवरी, 1973 से राजस्थान में प्रभावी हुआ। इसे 26 मार्च, 1973 को महामहिम राष्ट्रपति की स्वीकृति प्राप्त हो गई और तब से यह अधिनियम के रूप में प्रदेश में प्रभावी है।

- केन्द्रीय स्तर पर लोकपाल एवं राज्य स्तर पर लोकायुक्त संस्थाओं की स्थापना के लिए बहुप्रतीक्षित लोकपाल और लोकायुक्त अधिनियम, 2013 (2014 का अधिनियम सं. 1) संसद द्वारा वर्ष 2014 में पारित हुआ, जिसे दिनांक 1 जनवरी, 2014 को महामहिम राष्ट्रपति की स्वीकृति प्राप्त हुई। भारत के राजपत्र में प्रकाशित अधिसूचना दिनांक 16 जनवरी, 2014 के द्वारा इस अधिनियम के उपबन्ध दिनांक 16 जनवरी, 2014 से प्रवृत्त किए गए हैं।

नियुक्ति

- राज्य में लोकायुक्त एवं उप-लोकायुक्त की नियुक्ति राज्यपाल द्वारा निम्न के परामर्श से की जाती है
  - लोकायुक्त की नियुक्ति राज्य उच्च न्यायालय के मुख्य न्यायाधीश एवं विधानसभा में विपक्ष के नेता के परामर्श से।
  - उप-लोकायुक्त की नियुक्ति लोकायुक्त के परामर्श से की जाती है।
  - उप-लोकायुक्त, लोकायुक्त के नियन्त्रण में कार्य करेगा।

योग्यता

- न्यायिक पृष्ठभूमि से हो (उच्चतम न्यायालय का सेवानिवृत्त न्यायाधीश उच्च न्यायालय का सेवानिवृत्त मुख्य न्यायाधीश हो)
  - कोई भी लाभ का पद धारण न करता हो।
  - संसद में विधानमण्डल का सदस्य न हो।
  - किसी भी राजनीतिक दल से न जुड़ा हो।

शपथ

- लोकायुक्त या उप-लोकायुक्त के रूप में नियुक्त प्रत्येक व्यक्ति अपना पद ग्रहण करने से पूर्व राज्यपाल या उनके द्वारा नामित व्यक्ति के समक्ष शपथ लेगा।
- **कार्यकाल** लोकायुक्त एवं उप-लोकायुक्त का कार्यकाल पद ग्रहण की तिथि से 5 वर्ष होता है। राज्य में भाजपा सरकार ने वर्ष 2018 में लोकायुक्त का कार्यकाल बढ़ाकर 8 वर्ष कर दिया था, जिसे कांग्रेस सरकार ने 7 मार्च, 2019 को कम करके वापस 5 वर्ष

कर दिया। लोकायुक्त, उप-लोकायुक्त अपना कार्यकाल समाप्त होने से पूर्व राज्यपाल को अपना इस्तीफा दे सकता है।

वेतन एवं भत्ते

- लोकायुक्त के वेतन, भत्ते, पेंशन आदि राज्य के उच्च न्यायालय के मुख्य न्यायाधीश के समान होंगे तथा लोकायुक्त के वेतन, भत्ते एवं पेंशन राज्य के उच्च न्यायालय के न्यायाधीश के समान होंगे।
- लोकायुक्त के वेतन, भत्ते, पेंशन एवं सेवा शर्तों में कार्यकाल के दौरान कोई भी परिवर्तन नहीं किया जा सकता।

पद से हटाना

- राजस्थान लोकायुक्त को राज्यपाल संविधान के अनुच्छेद-311 के अनुसार कदाचार या कार्य करने में अक्षमता के आधार पर सर्वोच्च न्यायालय के न्यायाधीश (वर्तमान या सेवानिवृत्त) या राज्य उच्च न्यायालय के मुख्य न्यायाधीश से करवाई गई जाँच में दोषी साबित होने पर पद से हटा सकता है।
- उप-लोकायुक्त को हटाने हेतु जाँच सर्वोच्च न्यायालय के वर्तमान या सेवानिवृत्त न्यायाधीश या राज्य उच्च न्यायालय के वर्तमान या सेवानिवृत्त न्यायाधीश से करवाई जाएगी।
- लोकायुक्त/उप-लोकायुक्त के विरुद्ध प्राप्त इस जाँच रिपोर्ट को राज्यपाल विधानमण्डल के समक्ष रखवाएगा तथा राज्य विधानमण्डल द्वारा उपस्थित एवं मतदान करने वाले कम-से-कम 2/3 सदस्यों द्वारा एक ही सत्र में लोकायुक्त या उप-लोकायुक्त को हटाने का प्रस्ताव पारित किए जाने पर राज्यपाल इनको पद से मुक्त करेगा।

लोकायुक्त की शक्तियाँ

- राजस्थान लोकायुक्त तथा उप-लोकायुक्त अधिनियम, 1973 की धारा 7 के अन्तर्गत लोकायुक्त को कतिपय मामलों में मन्त्रियों तथा लोक सेवकों के विरुद्ध आरोपित अभिकथनों का अन्वेषण करने की अधिकारिता दी गई है। ये अभिकथन है
- लोक सेवकों द्वारा किसी को अनुचित हानि या कष्ट पहुँचाने, अपने या अन्य किसी व्यक्ति के लिए अवैध लाभ प्राप्त करने हेतु लोकसेवक के रूप में अपनी पदीय स्थिति का दुरुपयोग करने, अपने कृत्यों का निर्वहन करने में व्यक्तिगत हित या भ्रष्ट अथवा

अनुचित कार्यों से प्रेरित होने, लोकसेवक की हैसियत में भ्रष्टाचार या सच्चरित्रता की कमी का दोषी होने से सबन्धित हो सकते हैं।

- अधिनियम की धारा 2 (i) में दी गई लोक सेवक की परिभाषा के अनुसार लोकायुक्त को निम्न के विरुद्ध अन्वेषण करने की अधिकारिता है

(i) राजस्थान राज्य की मन्त्रिपरिषद् का कोई सदस्य (मुख्यमन्त्री के अतिरिक्त), जो चाहे किसी भी नाम से ज्ञात हो अर्थात् मन्त्री, राज्य मन्त्री या उप-मन्त्री।

(ii) राजस्थान राज्य के कार्यकलापों के सम्बन्ध में किसी लोकसेवा में या लोक पद पर नियुक्त व्यक्ति।

(iii) (a) जिला परिषद का प्रत्येक प्रमुख और उप-प्रमुख, पंचायत समिति का प्रधान तथा उप-प्रधान और राजस्थान पंचायती राज अधिनियम के अधीन या उसके द्वारा गठित किसी भी स्थायी समिति का अध्यक्ष।

(b) नगर निगम का प्रत्येक महापौर और उप-महापौर, नगरपालिका/परिषद का प्रत्येक अध्यक्ष और उपाध्यक्ष, नगरपालिका बोर्ड का अध्यक्ष और उपाध्यक्ष तथा राजस्थान नगरपालिका अधिनियम के अधीन गठित किसी समिति का अध्यक्ष।

(iv) प्रत्येक वह व्यक्ति, जो निम्नलिखित की सेवा में है या उनका वेतन भोगी है अर्थात्

(a) राजस्थान राज्य में कोई भी स्थानीय प्राधिकरण, जिसे राज पत्र में राज्य सरकार द्वारा, इस निमित्त अधिसूचित किया जाए।

(b) किसी राज्य अधिनियम के अधीन या द्वारा स्थापित और राज्य सरकार के स्वामित्वाधीन या उसके द्वारा नियन्त्रित कोई भी निगम (जो स्थानीय प्राधिकरण न हो)।

(c) कम्पनी अधिनियम की धारा 617 के अर्थान्तर्गत कोई भी सरकारी कम्पनी, जिसमें समादत्त अंशपूँजी का 51% से अन्यून राज्य सरकार द्वारा धारित है या कोई भी कम्पनी जो किसी भी ऐसी कम्पनी की सहायक है जिसमें समादत्त अंशपूँजी का 51% से अन्यून राज्य सरकार द्वारा धारित है।

7. राजस्थान राज्य महिला आयोग

- **गठन** 15 मई, 1999
- **कार्यकाल** 03 वर्ष
- **मुख्यालय** जयपुर
- **संरचना** 01 अध्यक्ष एवं 4 सदस्य।
- **नियुक्ति एवं त्याग पत्र** राज्य सरकार (मुख्यमन्त्री)

- राजस्थान राज्य महिला आयोग एक सांविधिक निकाय है, जिसका गठन राजस्थान राज्य महिला आयोग अधिनियम 1999 के तहत 15 मई, 1999 को किया गया। इसके उद्देश्य निम्न हैं
  - राज्य में पीड़ित महिलाओं की शिकायतों का निवारण।
  - महिलाओं के हितों की रक्षा।
  - महिलाओं से सम्बन्धित प्रचलित कानूनों की समीक्षा और महिलाओं को न्याय दिलाने के उद्देश्य से सरकार से संशोधन का अनुरोध करना।
  - महिलाओं को प्रभावित करने वाले सभी नीतिगत मामलों पर राजस्थान सरकार को सलाह देना।

आयोग की शक्तियाँ

- आयोग के पास सिविल कोर्ट की शक्तियाँ हैं।
- आयोग किसी गवाह को बुलाना, उसकी उपस्थिति सुनिश्चित करना और उसकी जाँच-पड़ताल करना सम्बन्धी कोई भी कार्य कर सकता है।
- किसी दस्तावेज की खोज और उसकी प्रस्तुति करने की शक्ति। हलफनामों पर साक्ष्य प्राप्त करना।
- गवाहों की पड़ताल के लिए अभियान देना या सम्मन जारी करना।
- किसी भी सार्वजनिक रिकॉर्ड या उसकी प्रतिलिपि का सार्वजनिक कार्यालय से अधिग्रहण।

8. राजस्थान राज्य बाल संरक्षण आयोग

- राजस्थान राज्य बाल अधिकार संरक्षण आयोग एक स्वतन्त्र राज्य स्तरीय वैधानिक प्राधिकरण है, जिसका गठन राज्य सरकार द्वारा बाल अधिकार संरक्षण आयोग अधिनियम, 2005 की धारा 17 के अन्तर्गत दिनांक 23 फरवरी, 2010 में किया गया है।
- आयोग में 1 अध्यक्ष एवं 6 सदस्य (जिनमें 2 महिला होना आवश्यक है) की नियुक्ति का प्रावधान किया गया है। इनका कार्यकाल कार्य ग्रहण करने की तिथि से 3 वर्ष के लिए होता है।
- बाल अधिकार संरक्षण आयोग अधिनियम, 2005 की धारा 14 के अनुसार आयोग द्वारा किसी मामले की जाँच करते समय आयोग को वे सभी शक्तियाँ प्राप्त हैं, जो दीवानी प्रक्रिया संहिता, 1908 के तहत मामले को सुनते समय दीवानी न्यायालय को प्राप्त होती हैं।

क्र.सं.		विवरण
1.	*उम्र*	अधिकतम आयु 60 वर्ष (आवेदक की आयु की गणना दिनांक 1 जनवरी, 2019 से की जाएगी।)
2.	*योग्यता*	बच्चों की शिक्षा या बाल स्वास्थ्य, देख-रेख, कल्याण/विकास या किशोर न्याय या उपेक्षित एवं हाशिये पर जीवनयापन करने वाले बच्चे या विकलांग बच्चों की देख-रेख या बाल श्रम उन्मूलन या बाल मनोविज्ञान / समाजशास्त्र या बच्चों से जुड़े कानून के क्षेत्र में अनुभव रखने वाले व्यक्ति को वरीयता।
		सदस्य पद पर अधिकतम दो कार्यकालों के लिए ही आयोग के सदस्य के आवेदन के लिए पात्र होंगे।
3.	*अयोग्यता*	1. मानव अधिकारों या बाल अधिकारों का अतिक्रमण किए जाने का कोई पिछला रिकॉर्ड रखता हो।
		2. अधिनियम की धारा 7 एवं धारा 8 का उल्लंघन करता हो।
		3. ऐसे पूर्णकालिक पद का धारक नहीं होना चाहिए, जो अधिनियम और नियमों के अनुसार आयोग के कार्य के लिए व्यक्ति को आवश्यक समय व ध्यान देने की अनुमति न देता हो।
		4. आवेदक दिवालिया हो।
4.	*वेतन भत्ते*	राज्य सरकार द्वारा नियम 06 के अनुसार समय-समय पर निर्धारित बैठक भत्ते दिए जाएँगे।

9. राजस्थान लोक सेवा गारण्टी अधिनियम, 2011

- लोक सेवा कानूनों के अन्तर्गत वे वैधानिक कानून शामिल हैं, जो सरकार द्वारा नागरिकों को प्रदान की जाने वाली विभिन्न सेवाओं के समयबद्ध वितरण की गारण्टी प्रदान करते हैं। इसके साथ ही समयबद्ध तरीके से सेवाओं का वितरण नहीं होने पर सरकारी मुलाजिमों को दण्डित करने के लिए तन्त्र भी प्रदान करते हैं।
- इन कानूनों का प्रमुख उद्‌देश्य सरकारी सेवाओं में पारदर्शिता तथा जवाबदेही को बढ़ाना एवं भ्रष्टाचार में कमी लाना है।
- देश में मध्य प्रदेश ऐसा पहला राज्य था, जिसने 18 अगस्त, 2010 को सेवा का अधिकार अधिनियम पारित किया था।
- राजस्थान में लोक सेवा गारण्टी अधिनियम दिनांक 14 नवम्बर, 2011 को लागू किया गया था। राजस्थान देश का पहला ऐसा राज्य है, जिसने अधिनियम के उल्लंघन पर दण्ड सम्बन्धी प्रावधान रखे हैं।

अधिनियम के प्रमुख प्रावधान

- इस अधिनियम के अन्तर्गत 18 विभागों की 153 सेवाओं को शामिल किया गया है, जिसमें बिजली, जलदाय, स्वास्थ्य, नगर निगम, पंचायती राज जैसी सेवाएँ शामिल हैं।
- इसके अन्तर्गत प्रत्येक अनुसूचित विभाग एक कार्मिक की नियुक्ति करेगा, जो अधिनियम के अन्तर्गत शिकायतों को लेने के लिए उत्तरदायी होगा।
- अधिकृत कर्मचारी आवेदक को लिखित में अभिस्वीकृति देगा तथा आवश्यक दस्तावेज संलग्न होने पर नियत समय-सीमा का उल्लेख भी करेगा।
- यदि आवश्यक दस्तावेज संलग्न नहीं है तो इसका उल्लेख अभिस्वीकृति में किया जाएगा तथा नियत समय-सीमा नहीं दी जाएगी।
- सेवा नियत समय-सीमा में उपलब्ध कराई जाएगी तथा सेवा में विलम्ब या नहीं मिलने की दशा में पदाभिहित अधिकारी कारणों का स्पष्ट उल्लेख करेगा, अपील के लिए समयावधि तथा अपील अधिकारी की भी जानकारी देगा।
- नियत समय-सीमा की गणना करते समय लोक अवकाशों को शामिल नहीं किया जाएगा।
- पदाभिहित अधिकारी अनिवार्य रूप से जनता की जानकारी के लिए नोटिस बोर्ड पर सेवाओं से सम्बन्धित सभी सुसंगत जानकारियों का प्रदर्शन करेगा। इसमें सेवा के लिए समस्त आवश्यक दस्तावेजों का भी उल्लेख होगा।
- प्रथम अपील, द्वितीय अपील तथा पुनरीक्षण आवेदन के साथ कोई फीस देय नहीं होगी।
- प्रार्थी नियत समय-सीमा की समाप्ति के तीस दिनों के अन्दर प्रथम अपील अधिकारी को अपील कर सकेगा। प्रथम अपील अधिकारी या तो सम्बन्धित पदाभिहित अधिकारी को सेवा प्रदान करने का आदेश देगा या फिर अपील को नामंजूर कर देगा।
- प्रथम अपील अधिकारी के निर्णय के विरुद्ध ऐसे निर्णय की तारीख से साठ दिनों के अन्दर द्वितीय अपील अधिकारी को अपील की जा सकेगी।

शास्ति अथवा दण्ड

- जहाँ द्वितीय अपील अधिकारी की यह राय हो की पदाभिहित अधिकारी वांछित सेवा प्रदान करने में पर्याप्त कारणों से विफल रहा है, तो वह पाँच सौ से अधिक तथा पाँच हजार रुपये से कम की शास्ति अधिरोपित कर सकेगा।

- जहाँ द्वितीय अपील अधिकारी की यह राय हो की पदाभिहित अधिकारी ने वांछित सेवा प्रदान करने में पर्याप्त कारणों से विलम्ब किया है तो वह दो सौ पचास रुपये प्रतिदिन की दर से शास्ति अधिरोपित कर सकता है, जिसकी अधिकतम सीमा पाँच हजार रुपये होगी।
- जहाँ द्वितीय अपील अधिकारी की यह राय हो की प्रथम अपील अधिकारी नियत समय-सीमा के अन्दर अपील का विनिश्चय करने में पर्याप्त कारणों से विफल रहा है, तो वह पाँच सौ से अधिक तथा पाँच हजार रुपये से कम की शास्ति अधिरोपित कर सकेगा।

इस राशि को द्वितीय अपील अधिकारी के आदेशानुसार प्रार्थी को प्रतिकर के रूप में दिया जा सकता है।

अधिनियम का वर्तमान स्वरूप तथा कमियाँ

- अधिनियम को लागू हुए लगभग सात वर्ष बीत चुके हैं, लेकिन अभी तक यह पूरी तरह से प्रभावी नहीं हुआ है।
- अधिनियम में 15 विभागों की केवल 108 सेवाएँ शामिल हैं। अन्य सेवाएँ इस अधिनियम में शामिल नहीं हैं।
- अधिकतर मामलो में विभागीय अधिकारी ही अपील अधिकारी होते हैं, जिसकी वजह से दोषी अधिकारी पर उचित कार्यवाही नहीं हो पाती है।
- कानून में प्रथम व द्वितीय अपील का प्रावधान है लेकिन ज्यादातर लोगों को इसकी जानकारी नहीं है।
- प्रशासनिक सुधार व समन्वय विभाग के अनुसार अब तक एक-दो मामलों में ही दोषियों को दण्ड मिला है, जो अधिनियम की विफलता को साफ दर्शाता है।

10. राजस्थान सुनवाई का अधिकार अधिनियम, 2012

- 1 अगस्त, 2012 से प्रभावी इस अधिनियम के तहत जन शिकायत या परिवाद पर 15 दिवस में सुनवाई की अनिवार्यता। साथ ही शिकायत/परिवाद पर लिए गए निर्णय की संसूचना 7 दिवस में देने की अनिवार्यता।
- शिकायतकर्ता के निवास स्थान के निकटतम स्थान पर सुनवाई की व्यवस्था।
- ग्राम पंचायत, तहसील, उपखण्ड एवं जिला स्तर पर लोक सुनवाई अधिकारी एवं अपीलीय प्राधिकारियों की नियुक्ति।

- जिला स्तर पर अतिरिक्त जिला कलक्टर, सम्बन्धित विभाग के जिला अधिकारी, मुख्य कार्यकारी अधिकारी, आयुक्त, नगर निगम / नगर परिषद की लोक सुनवाई अधिकारी के रूप में नियुक्ति।
- जिला कलेक्टर, रीजनल अधिकारी, मेयर, अध्यक्ष नगर परिषद/नगर पालिका की अपीलीय अधिकारी के रूप में नियुक्ति।
- उपखण्ड एवं जिला स्तर पर गठित जन अभियोग एवं सतर्कता समितियों की उप-समितियों को द्वितीय अपील सुनने का अधिकार।
- प्रथम अपील पर निर्णय हेतु 21 दिवस की समय-सीमा निर्धारित।
- शिकायत/परिवाद आवेदन, अपील एवं निर्णय की संसूचना के 8 प्रकार के प्रपत्रों का निर्धारण।
- आवेदन पत्र एवं अपीलीय ज्ञापनों पर कोई शुल्क नहीं।
- दर्ज शिकायत / परिवाद को विशिष्ट रजिस्ट्रीकरण संख्यांक (यूनिक नम्बर) दिए जाने तथा उसका इन्द्राज प्राप्ति रसीद में करने की प्रणाली लागू।
- शिकायत/परिवाद पर लिए गए निर्णय की संसूचना 7 दिवस में देने की अनिवार्यता।
- परिवाद सम्बन्धित नहीं होने पर लोक सुनवाई अधिकारी को परिवाद अन्तरण करने की व्यवस्था।
- सुनवाई तिथियों का निर्धारण कर सूचना बोर्ड पर प्रदर्शित करने की अनिवार्यता।
- जन सामान्य की सहायता एवं मार्गदर्शन के लिए सूचना और सुगम केन्द्रों की स्थापना का प्रावधान।
- समय पर सुनवाई नहीं होने या निर्णय से असन्तुष्ट रहने पर 30 दिवस में प्रथम अपील का प्रावधान।
- प्रथम अपील के निर्णय से सन्तुष्ट नहीं होने पर 30 दिवस में द्वितीय अपील की व्यवस्था।
- द्वितीय अपील प्राधिकारी को 500 से 5000 रुपये तक शास्ति अधिरोपित करने की शक्तियाँ।
- शास्ति के विरुद्ध पुनरीक्षण याचिका दायर करने का प्रावधान।
- अधिनियम के तहत किए गए विनिश्चय पर न्यायालय की अधिकारिता का वर्जन।

अध्याय 11 ~ संविधान निर्माण में राजस्थान का योगदान

- भारतीय संविधान का निर्माण संविधान सभा द्वारा किया गया। इसमें 2 साल 11 महीने 18 दिन का समय लगा। अन्य प्रदेशों की भाँति संविधान निर्माण में राजस्थान का भी अतुलनीय योगदान था।
- संविधान सभा में राजस्थान के कुछ सदस्य यहाँ के मूल निवासी थे, जबकि कुछ अन्य राज्यों के निवासी थे, परन्तु राजस्थान में विभिन्न प्रशासनिक पदों पर कार्य कर रहे थे।

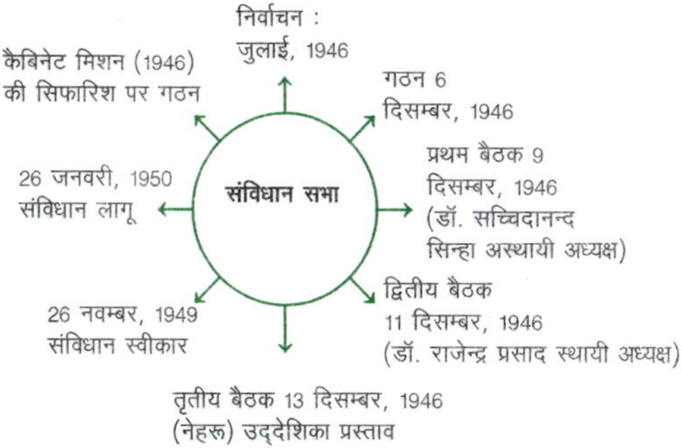

संविधान सभा के राजस्थान निवासी सदस्य

सदस्य	रियासत
मुकुट बिहारी भार्गव	अजमेर - मेरवाड़ा
माणिक्य लाल वर्मा	उदयपुर
बलवन्त सिंह मेहता	उदयपुर
जयनारायण व्यास	जोधपुर
रामचन्द्र उपाध्याय	अलवर
दलेल सिंह	कोटा

सदस्य	रियासत
गोकुल लाल असावा	शाहपुरा (भीलवाड़ा)
जसवन्त सिंह	बीकानेर
राज बहादुर	भरतपुर
हीरालाल शास्त्री	जयपुर
सरदार सिंह	खेतड़ी

1. मुकुट बिहारी भार्गव (अजमेर - मेरवाड़ा)

- अजमेर - मेरवाड़ा प्रदेश सीधे ब्रिटिश शासन के अधीन था। यहाँ से मुकुट बिहारी भार्गव ने संविधान सभा में भाग लिया।
- ये तीन बार अजमेर से लोकसभा सदस्य बने थे।

2. माणिक्य लाल वर्मा (उदयपुर)

- इन्होंने वर्ष 1938 में प्रजामण्डल पर लगी रोक हटाने के लिए प्रारम्भ किए 'सत्याग्रह आन्दोलन' का नेतृत्व किया था।
- इन्होंने वर्ष 1941 में मेवाड़ प्रजामण्डल के प्रथम अधिवेशन की अध्यक्षता की।
- इन्होंने जनजागरण के लिए 'पंछीड़ा' गीत लिखा।
- ये वर्ष 1948 में वृहत्तर राजस्थान के प्रधानमन्त्री बने।
- ये वर्ष 1963 में राजस्थान खादी ग्रामोद्योग बोर्ड के अध्यक्ष बने।

3. बलवन्त सिंह मेहता (उदयपुर),

- ये संविधान सभा में सदस्य के रूप में मूल संविधान पर हस्ताक्षर करने वाले पहले राजस्थानी थे।
- इन्होंने वर्ष 1938 में मेवाड़ प्रजामण्डल की अध्यक्षता की।
- इन्होंने वर्ष 1943 में वनवासी छात्रावास, उदयपुर की स्थापना की।

4. रामचन्द्र उपाध्याय (अलवर)

- रामचन्द्र उपाध्याय स्वतन्त्रता सेनानी व समाज सेवक थे।
- ये बाद में जनता पार्टी के जिला अध्यक्ष भी रहे।

5. दलेल सिंह (कोटा)

- दलेल सिंह लेफ्टिनेण्ट कर्नल थे।
- ये कोटा से संविधान सभा के सदस्य रहे।

6. जयनारायण व्यास (जोधपुर)

- ये तरुण राजस्थान, अखण्ड भारत जैसे समाचार-पत्रों के सम्पादक थे।
- इन्होंने सामन्त शाही के विरुद्ध संघर्ष किया।
- ये 2 बार राजस्थान के मुख्यमन्त्री रहे।

7. गोकुल लाल असावा (शाहपुरा, भीलवाड़ा)

- ये संयुक्त राजस्थान के प्रधानमन्त्री रहे।
- ये स्वतन्त्रता सेनानी थे।

8. जसवन्त सिंह (बीकानेर)

- बीकानेर नरेश महाराजा सार्दुल सिंह के प्रधानमन्त्री रहे। • ये समाज सुधारक थे।

9. राजबहादुर (भरतपुर)

- इन्होंने बेगार प्रथा का विरोध किया। • ये बाद में नेपाल के राजदूत भी रहे।

10. हीरालाल शास्त्री (जयपुर)

- ये वनस्थली विद्यापीठ एवं जीवन कुटीर संस्था के संस्थापक थे।
- ये अखिल भारतीय देशी राज्य लोक परिषद् के प्रधानमन्त्री बने।
- ये राजस्थान के प्रथम मुख्यमन्त्री रहे।

11. राजा सरदार सिंह (खेतड़ी)

- ये वर्ष 1950 से 1952 तक अस्थायी संसद के सदस्य रहे।
- ये लाओस में भारतीय राजदूत रहे।
- संविधान सभा के सदस्य, जो राजस्थान की रियासतों में प्रशासनिक अधिकारी थे

क्र.सं.	सदस्य	राज्य	मूल राज्य	विवरण
1.	वी. टी. कृष्णामाचारी	जयपुर	तमिलनाडु	डी. पी. खेतान के निधन के बाद प्रारूप समिति के सदस्य बने।
2.	सी. एस. वेंकटाचारी	जोधपुर	कर्नाटक	6 जनवरी से 25 अप्रैल, 1951 तक राजस्थान के मुख्यमन्त्री बने।
3.	के. एम. पन्निकर	बीकानेर	केरल	स्वतन्त्रता के बाद चीन, फ्रांस, मिस्र के राजदूत बने।
4.	टी. विजयराघवाचार्य	उदयपुर	तमिलनाडु	मेवाड़ के प्रधानमन्त्री रहे।

राजस्थान मूल के प्रवासी, जो अन्य राज्यों से संविधान सभा में गए

- प्रभुदयाल हिम्मत सिंह (पश्चिम बंगाल)
- वनवारीदास झुँझूनूँवाला (बिहार)
- पदमपत सिंघानिया (उत्तर प्रदेश)

अध्याय 12 ~ राजस्थान के वर्तमान पदाधिकारी

राजस्थान के वर्तमान पदाधिकारियों की सूची निम्नलिखित है

क्र. सं.	नाम	पद	क्रम	क्षेत्र	पार्टी	कार्यभार ग्रहण करने की तिथि
1	श्री हरिभाऊ किसन राव बागड़े	राज्यपाल	45	राजस्थान	-	31-07-2024
2	न्यायमूर्ति के. आर. श्रीराम	मुख्य न्यायाधीश	43	राजस्थान उच्च न्यायालय	-	28-05-2025
3	श्री भजनलाल शर्मा	मुख्यमन्त्री (CM)	14	राजस्थान	भारतीय जनता पार्टी (BJP)	15-02-2023
4	श्रीमती दिया कुमारी	उप मुख्यमन्त्री-I	6	राजस्थान	भारतीय जनता पार्टी (BJP)	15-12-2023
5	डॉ. प्रेमचन्द बैरवा	उप मुख्यमन्त्री-II	7	राजस्थान	भारतीय जनता पार्टी (BJP)	15-12-2023
6	श्री सुधांशु पन्त	मुख्य सचिव	44	राजस्थान	-	31-12-2023
7	श्री वासुदेव देवनानी	अध्यक्ष	-	राजस्थान विधान सभा	भारतीय जनता पार्टी BJP	21-12-2023
8	पद रिक्त	उपाध्यक्ष	-	राजस्थान विधान सभा	-	
9	श्री टीकाराम जूली	नेता प्रतिपक्ष	-	राजस्थान विधान सभा	इण्डियन नेशनल कांग्रेस (INC)	19-01-2024
10	श्री राजेन्द्र प्रसाद	महाधिवक्ता	-	राजस्थान	-	03-02-2024
11	न्यायमूर्ति श्री प्रताप कृष्ण लोहरा	लोकायुक्त	13	राजस्थान		09-03-2021
12	पद रिक्त	उप-लोकायुक्त	-	राजस्थान	-	–

क्र. सं.	नाम	पद	क्रम	क्षेत्र	पार्टी	कार्यभार ग्रहण करने की तिथि
13	श्री रवि प्रकाश मेहरडा	पुलिस महानिदेशक (DGP)	-	राजस्थान पुलिस	-	10-06-2025
14	श्री बीज जार्ज जोसफ (IPS)	पुलिस कमिश्नर	7	जयपुर	-	अगस्त, 2023
15	श्री राजेन्द्र सिंह (IPS)	पुलिस कमिश्नर	-	जोधपुर	-	2024
16	श्री मदन राठौड़	प्रदेश अध्यक्ष	-	-	भारतीय जनता पार्टी, राजस्थान (BJP)	-

* *मई, 2025 के अनुसार*

आयोगों के वर्तमान अध्यक्ष

क्र. सं.	नाम	पद	क्रम	आयोग	कार्यभार ग्रहण करने की तिथि
1	श्री उत्कल रंजन साहू	अध्यक्ष	-	राजस्थान लोक सेवा आयोग (RPSC)	10-06-2025
2	श्री मधुकर गुप्ता	राज्य निर्वाचन आयुक्त	7	राज्य निर्वाचन आयोग, राजस्थान (SEC)	14-08-2022
3	श्री नवीन महाजन (IAS)	मुख्य निर्वाचन अधिकारी	-	राजस्थान	-
4	श्री गंगाराम मूलचन्दानी	अध्यक्ष	5	राजस्थान राज्य मानव अधिकार आयोग (RSHRC)	-
5	श्री मोहनलाल लाठर	मुख्य सूचना आयुक्त (CIC)	5	राजस्थान राज्य सूचना आयोग (RIC)	09-07-2024

क्र. सं.	नाम	पद	क्रम	आयोग	कार्यभार ग्रहण करने की तिथि
6	मेजर जनरल आलोक राज	अध्यक्ष	4	राजस्थान कर्मचारी चयन बोर्ड (RSSB)	17-08-2023
7	श्रीमती रेहाना रियाज चिश्ती	अध्यक्ष	6	राजस्थान राज्य महिला आयोग (RSCW)	-
8	श्री हेमन्त कुमार गेरा (IAS)	अध्यक्ष	-	राजस्व मण्डल	-
9	श्री सी. आर. चौधरी	अध्यक्ष	-	राजस्थान किसान आयोग	-
10	श्री प्रद्युम्न सिंह	अध्यक्ष	-	राज्य वित्त आयोग 6वाँ (SFC)	-

* *मई, 2025 के अनुसार*

अध्याय 13 ~ राजस्थान की दलीय राजनीति

- राजस्थान में भी शेष भारत की तरह दलीय राजनीति मौजूद है। मुख्यतः राज्य में राष्ट्रीय दल (भाजपा, कांग्रेस) ही विद्यमान हैं, तथापि समय-समय पर कई राज्य स्तरीय दलों का भी निर्माण होता रहा है।
- राज्य में राजनैतिक दलों की स्थिति एवं प्रदर्शन को अब तक हुए लोकसभा एवं विधानसभा चुनावों के आलोक में समझा जा सकता है

राजस्थान के लोकसभा चुनाव

वर्ष	लोकसभा	कुल सीट	दलगत स्थिति
1951	पहली	20	भारतीय राष्ट्रीय कांग्रेस (INC) : 9 रामराज्य परिषद् (RRP) : 3 भारतीय जन संघ (BJS) : 1 कृषिकर लोक पार्टी (KLP) : 1 निर्दलीय : 6
1957	दूसरी	22	INC : 19, निर्दलीय : 3
1962	तीसरी	22	INC : 14, स्वतन्त्र पार्टी : 3 BJS : 1, RRP : 1, निर्दलीय : 3
1967	चौथी	23	INC : 10, स्वतन्त्र पार्टी : 8 BJS : 3, निर्दलीय : 2
1971	पाँचवीं	23	INC : 14, BJS : 4 स्वतन्त्र पार्टी : 3, निर्दलीय : 2
1977	छठी	25	जनता पार्टी : 24, INC : 1
1980	सातवीं	25	INC : 18, जनता पार्टी (JP) : 4 जनता पार्टी (सेक्युलर) (JP(S)) : 2 कांग्रेस (U) : 1
1984	आठवीं	25	INC : 25
1989	नवीं	25	BJP : 13, जनता दल (JD) : 11 (PICM) : 1

1991	दसवीं	25	INC : 13, BJP : 12
1996	ग्यारहवीं	25	BJP : 12, INC : 12 ऑल इण्डिया इन्दिरा कांग्रेस तिवारी (AIIC (T) : 1
1998	बारहवीं	25	INC : 19, BJP : 5, ऑल इण्डिया इन्दिरा कांग्रेस (सेक्युलर) [AIIC (S)] : 1
1999	तेरहवीं	25	BJP 16, INC : 9
2004	चौदहवीं	25	BJP 21, INC : 4
2009	पन्द्रहवीं	25	INC : 20, BJP : 4, निर्दलीय : 1
2014	सौलहवीं	25	BJP : 25
2019	सतरहवीं	25	BJP : 24, राष्ट्रीय लोकतान्त्रिक पार्टी (RLP : 1)
2025	अठारहवीं	25	BJP : 14, INC : 8, BAP : 1, (PI (M)) : 1 RLP : 1

राजस्थान के विधानसभा चुनाव

वर्ष	विधानसभा	कुल सीट	दलगत स्थिति
1952	पहली	160	INC : 82, RRP : 24, BJS : 8
1957	दूसरी	176	INC : 119, RRP : 17, BJS : 6
1962	तीसरी	176	INC : 88, स्वतन्त्र पार्टी : 36, BJS : 15
1967	चौथी	184	INC : 89, स्वतन्त्र पार्टी : 48, BJS : 22
1972	पाँचवीं	184	INC : 145, स्वतन्त्र पार्टी : 11, BJS : 8
1977	छठी	200	जनता पार्टी : ISI, INC : 41
1980	सातवीं	200	INC : 133, BJP : 32
1985	आठवीं	200	INC : 113, BJP : 39, लोक दल : 27 जनता पार्टी : 10
1990	नवीं	200	BJP : 85, जनता दल : 55, INC : 50
1993	दसवीं	200	BJP : 95, INC : 76
1998	ग्यारहवीं	200	INC : 153, BJP : 33

वर्ष	विधानसभा	कुल सीट	दलगत स्थिति
2003	बारहवीं	200	BJP 120, INC : 56
2008	तेरहवीं	200	INC : 96, BJP : 78
2013	चौदहवीं	200	BJP : 163, INC : 21, BSP : 2
2018	पन्द्रहवीं	200	INC : 100, BJP : 73, BSP : 6, (PICM) : 2, RLP : 3, BTP : 2, RLD : 1
2023	सौलहवीं	200	BJP : 115, INC : 69, BAP : 3, BSP : 2, RLD : 1, RLP : 1

16वीं विधानसभा का गठन

- राजस्थान में मतदान तिथि-25 नवम्बर, 2023
- विधानसभा सीटें - 200
- मतगणना - 3 दिसम्बर, 2023
- मतदान हुआ- 199 सीटें
- कुल मतदान प्रतिशत-75.45% (पिछली बार से 0.74% अधिक)

डाले गए वोट	मतदान प्रतिशत
• कुल- 3,92,11,399	• कुल : 75.23%
• पुरुष- 2,03,83,757	• पुरुष: 74.53%
• महिला-1,88,27,294	• महिला: 74.72%
• थर्ड जेण्डर- 348	

- डाक मतपत्र से 0.83% मतदान हुआ व शेष 74.62% EVM से हुआ।

सबसे ज्यादा मतदान			सबसे कम मतदान		
विधानसभा क्षेत्र	मतदान	अन्तर	विधानसभा क्षेत्र	मतदान	अन्तर
कुशलगढ़	88.13%	02% बढ़ा	आहोर	61.24%	0.29% कम
पोकरण	87.79%	0.29% बढ़ा	मारवाड़ जंक्शन	61.29%	0.87% बढ़ा
तिजारा	86.11%	4.03% बढ़ा	सुमेरपुर	61.44%	0.55% बढ़ा

- ग्रामीण मतदान में इस बार बाँसवाड़ा 84.32% मतदान के साथ अव्वल रहा, जबकि शहरी मतदान में हनुमानगढ़ 76.65% के साथ आगे रहा।
- **होम वोटिंग** निर्वाचन विभाग द्वारा पहली बार 80 वर्ष से अधिक आयु और 40% से अधिक दिव्यांग मतदाता को घर से ही वोटिंग करवाई गई।
- मुख्य निर्वाचन अधिकारी प्रवीण गुप्ता।

- कुल पात्र मतदाता 62528 [80+ वृद्ध मतदान 49365, दिव्यांग मतदान 11656] (करणपुर विधानसभा को छोड़कर)।
- बाड़मेर का अन्तर्राष्ट्रीय सीमा पर स्थित 'पार गाँव' बूथ पर महज 35 मतदाता पंजीकृत थे।
- **उपचुनाव** करणपुर (गंगानगर)
- **जीते** रूपिन्दर सिंह कुन्नर (कांग्रेस)
- विजयी सांसद- दीया कुमारी (विद्याधर नगर, जयपुर), राज्यवर्द्धन सिंह [झोटवाड़ा, जयपुर], बाबा बालकनाथ [तिजारा, अलवर], किरोड़ी लाल [सवाई माधोपुर]
- **सबसे बड़ी जीत** दीया कुमारी, विद्याधर नगर (भाजपा)- 71368 मतों से विजयी।
- **सबसे छोटी जीत** हंसराज पटेल, कोटपूतली (भाजपा)-321 मतों से विजयी।
- **सबसे युवा विधायक** रविन्द्र सिंह भाटी (25 वर्ष), शिव, बाड़मेर (निर्दलीय)
- **सबसे उम्रदराज विधायक** दीपचन्द खेरिया (83 वर्ष), कांग्रेस (किशनगढ़बास)
- **कुल निर्वाचित महिला विधायक** 20 [9 भाजपा, 9 कांग्रेस व 2 अन्य]
- कुल 182 महिलाएँ चुनाव लड़ी।
- **सबसे वरिष्ठ विधायक** कालीचरण सराफ (मालवीय नगर) 8वीं बार चुनाव जीतकर विधानसभा पहुँचे।
- यह छठी बार है (1993 से) जब राजस्थान में सत्ता बारी-बारी से कांग्रेस-भाजपा की बनी है।
- राजस्थान विधानसभा की कुल 200 सीटों में से 34 क्षेत्र अनुसूचित जाति (SC) तथा 25 क्षेत्र अनुसूचित जनजाति (ST) के लिए आरक्षित है।
- लोकसभा की 25 सीटों में से 4 क्षेत्र SC व 3 क्षेत्र ST के लिए आरक्षित है।
- 7 प्रत्याशियों के हार जीत का अन्तर 1000 से भी कम वोट का रहा है।
- नोटा को 0.96% वोट मिले।
- **मुख्य सचेतक** जोगेश्वर गर्ग (विधायक- जालौर)
- मुख्य सचेतक का कैबिनेट मन्त्री का दर्जा होता है।
- **कार्य** सत्ता पक्ष की ओर से संसदीय कार्य मन्त्री के साथ मिलकर फ्लोर मैनेजमेण्ट, सदन में बोलने वाले नेताओं की सूचना देना।
- **नेता प्रतिपक्ष** टीकाराम जूली (विधायक- अलवर ग्रामीण)
- विधानसभा में ST के 42, SC के 25 व OBC के 65 विधायक जीतकर आए हैं।

- 9 सामान्य सीटों पर भी SC/ST के विधायक जीतकर आए, इनमें भाजपा के 4 व कांग्रेस के 5 विधायक जीतकर आए है।

18वीं लोकसभा चुनाव परिणाम (राजस्थान)

- प्रदेश की 25 लोकसभा सीटों के चुनाव परिणाम इस प्रकार रहे हैं
  भाजपा - 14, कांग्रेस - 8, RLP - 01, CPIM - 01, BAP - 01
- महिला सांसद - 03
  - मंजू शर्मा (जयपुर) - भाजपा
  - महिमा कुमारी (राजसमन्द) - भाजपा
  - संजना जाटव (भरतपुर) - कांग्रेस
- **वोट शेयर** % - भाजपा-49.24%, कांग्रेस- 37.91%, अन्य दल- 6.59% एवं निर्दलीय - 5.26%
- **सबसे बड़ी जीत** महिमा कुमारी (राजसमन्द), [जीत का अन्तर 3,92,233 वोट]
- **सबसे छोटी जीत** राव राजेन्द्र सिंह (जयपुर ग्रामीण) [जीत का अन्तर 1615 वोट]
- **सबसे युवा सांसद** संजना जाटव (भरतपुर), आयु 26 वर्ष
- **सबसे उम्रदराज सांसद** बृजेन्द्र ओला (झुँझुनूँ), आयु 72 वर्ष
- **प्रदेश में नोटा को मिले वोट** 2,77,216
- चित्तौड़ की सीट पर भाजपा प्रदेशाध्यक्ष सीपी जोशी लगातार तीसरी बार सांसद बने हैं।
- झालावाड़ सीट पर दुष्यन्त सिंह 5वीं बार सांसद बने हैं।
- **5 विधायक बने सांसद**
  - मुरारी लाल मीणा (दौसा विधानसभा क्षेत्र)
  - हरीश मीणा (देवली उनियारा)
  - राजकुमार रोत (चौरासी विधानसभा)
  - बृजेन्द्र ओला (झुँझुनूँ)
  - हनुमान बेनीवाल (खींवसर)

क्र.सं.	विधानसभा क्षेत्र	विधायक	पार्टी
1	अजमेर	भागीरथ चौधरी	भाजपा
2.	अलवर	भूपेन्द्र यादव	भाजपा
3.	भीलवाड़ा	दामोदर अग्रवाल	भाजपा
4.	बीकानेर	अर्जुनराम मेघवाल	भाजपा
5.	चित्तौड़गढ़	सी.पी. जोशी	भाजपा

6.	जयपुर	मंजू शर्मा	भाजपा
7.	जयपुर ग्रामीण	राव राजेन्द्र सिंह	भाजपा
8.	जालौर	लुम्बाराम चौधरी	भाजपा
9.	झालावाड़	दुष्यन्त सिंह	भाजपा
10.	जोधपुर	गजेन्द्र सिंह शेखावत	भाजपा
11.	कोटा	ओम बिरला	भाजपा
12.	पाली	पीपी चौधरी	भाजपा
13.	राजसमन्द	महिमा सिंह	भाजपा
14.	उदयपुर	मन्नालाल रावत	भाजपा
15.	भरतपुर	संजना जाटव	कांग्रेस
16.	बाड़मेर	उम्मेदाराम बेनीवाल	कांग्रेस
17.	चूरू	राहुल कस्वां	कांग्रेस
18.	दौसा	मुरारी लाल मीणा	कांग्रेस
19.	गंगानगर	कुलदीप इन्दौरा	कांग्रेस
20.	झुँझुनूँ	बृजेन्द्र ओला	कांग्रेस
21.	करौली-धौलपुर	भजनलाल जाटव	कांग्रेस
22.	टॉक-सवाई माधोपुर	हरीश मीणा	कांग्रेस
23.	बाँसवाड़ा	राजकुमार रोत	भारत आदिवासी पार्टी
24.	नागौर	हनुमान बेनीवाल	राष्ट्रीय लोकतान्त्रिक पार्टी (आर.एल.पी.)
25.	सीकर	अमराराम	मार्क्सवादी कम्युनिस्ट पार्टी (माकपा)

बागीदौरा विधानसभा उपचुनाव

- बाँसवाड़ा के बागीदौरा से कांग्रेस विधायक महेन्द्रजीत सिंह मालवीय के इस्तीफा देने से खाली हुई सीट पर उपचुनाव में बी.ए.पी. के जयकृष्ण पटेल 51434 वोटों से जीते।

राजस्थान में राजनीतिक जनांकिकी

- राजनीतिक जनांकिकी, राजनीति और जनसंख्या के मध्य के अन्तर्सम्बन्धों पर आधारित होती है।
- इसमें विभिन्न विशेषताओं; जैसे- जाति, धर्म, क्षेत्र, युवा, महिलाएँ आदि का राजनैतिक निर्णयों और प्रक्रियाओं पर पड़ने वाले प्रभावों का अध्ययन किया जाता है।
- जनांकिकी, राजनैतिक दलों तथा नेताओं को इस बात का ज्ञान कराती है कि किसी क्षेत्र वर्ग में कौन-से महत्त्वपूर्ण मुद्दे हैं तथा किस प्रकार की नीतियाँ राजनैतिक सफलता का मार्ग प्रशस्त करेगी।

राजस्थान के राजनैतिक जनांकिकी के प्रमुख आँकड़े

- कुल मतदाता - लगभग 5.25 करोड़
- **लैंगिक विभाजन** – पुरुष - 2.73 करोड़ – महिला - 2.52 करोड़
- **धार्मिक विभाजन** – हिन्दू - 89% – मुस्लिम - 9% – अन्य - 2%
- **वंचित वर्ग**
  – अनुसूचित जाति - 18% – अनुसूचित जनजाति -13%
- **क्षेत्रीय विभाजन**
  – शहरी - 25% – ग्रामीण - 75%
- **साक्षरता**
  – कुल - 66% – पुरुष - 80% – महिला - 52%
- युवा मतदाता - 50% मतदाता 40 वर्ष से कम आयु के हैं।
- प्रमुख राजनैतिक जातियाँ - जाट, राजपूत, गुर्जर, ब्राह्मण, मीणा आदि हैं।

वर्ष 2023 के विधानसभा चुनावों में भाग लेने वाले प्रमुख राजनैतिक दल

राष्ट्रीय दल

(i) आम आदमी पार्टी (AAP)
(ii) भारतीय जनता पार्टी (BJP)
(iii) बहुजन समाज पार्टी (BSP)
(iv) कम्युनिष्ट पार्टी ऑफ इण्डिया - मार्क्सवादी (PICM)
(v) भारतीय राष्ट्रीय कांग्रेस (INC)

राज्य दल

(i) राष्ट्रीय लोकतान्त्रिक पार्टी (RLTP)

अन्य राज्यों में मान्यता प्राप्त राज्य दल

(ii) ऑल इण्डिया मजलिस - ए - इत्तेहुदुल मुस्लमिलीन (AIMIM)

(iii) कम्युनिस्ट पार्टी ऑफ इण्डिया (CPI)

(iv) कम्युनिस्ट पार्टी ऑफ इण्डिया (मार्क्सिस्ट-लेनिनिस्ट लिबरेशन) [CPI (ML) (L)]

(v) जननायक जनता पार्टी (JNJP)

(vi) लोक जनशक्ति पार्टी (राम विलास) (LJPRV)

(vii) शिव सेना (SHS)

(viii) समाजवादी पार्टी (SP)

वर्ष 2023 के विधानसभा चुनाव में भागीदारी

दल का प्रकार	दल की संख्या
राष्ट्रीय दल	5
राज्य दल	1
अन्य राज्यों के राज्य दल	7
गैर मान्यता प्राप्त पंजीकृत अन्य दल	65
कुल दल (NOTA और निर्दलीय को छोड़कर)	**78**

राष्ट्रीय दल की योग्यताएँ

- वह 4 या अधिक राज्यों में राज्य स्तरीय दल के रूप में मान्यता प्राप्त हो।

या

- लोकसभा या राज्यों के विधानसभा चुनावों में 4 अलग-अलग राज्यों से कुल वैध मतों के 6% मत प्राप्त करे तथा इसके अतिरिक्त 4 लोकसभा सीटों पर जीत दर्ज करें।

या

- कम-से-कम 3 राज्यों से लोकसभा में कुल सीटों का कम-से-कम 2% सीटें जीती हों।

राज्य स्तरीय दल बनने की शर्तें

- यदि वह सम्बन्धित राज्य विधानसभा के आम चुनाव में राज्य में डाले गए वैध मतों का 6% मत प्राप्त करता है और साथ ही वह उसी राज्य विधानसभा में 2 सीटें जीतता है।

या

- यदि वह लोकसभा के आम चुनावों में राज्य में कुल वैध मतों का 6% प्राप्त करता है और साथ ही उस राज्य से लोकसभा में एक सीट जीतता है।

या

- यदि वह सम्बन्धित राज्य की विधानसभा के आम चुनावों में 3% सीट जीतता है या विधानसभा में 3 सीटें जीतता है, (जो भी अधिक हो) राजस्थान के सन्दर्भ में 6

या

- यदि वह सम्बन्धित राज्य से लोकसभा के आम चुनाव में राज्य को आवण्टित प्रत्येक 25 सीटों या उसके किसी खण्ड के लिए लोकसभा में 1 सीट जीतता है।

या

- यदि वह राज्य या राज्य विधानसभा के लिए लोकसभा के आम चुनावों में कुल वैध मतों का 8% प्राप्त कर लेता है।

अध्याय 1 ~ राजस्थान जिला दर्शन

• राजस्थान सरकार ने बड़ा निर्णय लेते हुए अशोक गहलोत सरकार के कार्यकाल में बने नए 9 जिलों को रद्द कर दिया है। इसी प्रकार तीन नए सम्भागों को भी निरस्त किया है। हालांकि 8 नए जिलों को यथावत रखा है। इस तरह अब राज्य में 41 जिले एवं 7 सम्भाग होंगे।

निरस्त जिले

1. दूदू
2. शाहपुरा
3. नीम का थाना
4. जयपुर ग्रामीण
5. जोधपुर ग्रामीण
6. केकड़ी
7. गंगापुर सिटी
8. अनूपगढ़
9. सांचौर

नोट *अभ्यर्थियों को भ्रमित नहीं होना है। राज्य में 28 दिसम्बर, 2024 तक हुए सभी पेपर में 33 जिलों के आधार पर ही प्रश्न पूछे गए हैं। हमने पुस्तक में भी प्रत्येक विषय को पूर्ववर्ती एवं नवगठित जिलों के अनुसार समायोजित किया है।*

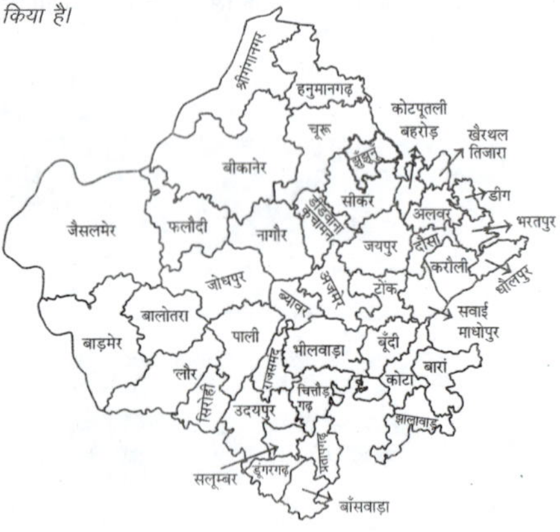

राजस्थान के जिले

जिला : श्रीगंगानगर

पुनर्गठित जिला श्रीगंगानगर के कार्यक्षेत्र में कुल 9 उपखण्ड तथा 11 तहसील सम्मिलित रहेंगी, जो निम्न हैं

नाम उपखण्ड	नाम तहसील
श्रीगंगानगर	श्रीगंगानगर
श्रीकरणपुर	श्रीकरणपुर
सूरतगढ़	सूरतगढ़
सार्दुलशहर	सार्दुलशहर
पदमपुर	पदमपुर
	गाजसिंहपुर
अनूपगढ़	अनूपगढ़
रायसिंहनगर	रायसिंहनगर
श्रीविजयनगर	श्रीविजयनगर
घडसाना	घडसाना
	रावला

जिला : बीकानेर

पुनर्गठित जिला बीकानेर के कार्यक्षेत्र में कुल 9 उपखण्ड तथा 11 तहसील सम्मिलित रहेंगी जो निम्न हैं

नाम उपखण्ड	नाम तहसील
बीकानेर	बीकानेर
नोखा	नोखा
	जसरासर
कोलायत	कोलायत
	हदां
डूँगरगढ़	डूँगरगढ़
लूणकरनसर	लूणकरनसर
छत्तरगढ़	छत्तरगढ़
बज्जू	बज्जू
खाजूवाला	खाजूवाला
पूगल	पूगल

जिला : जयपुर

पुनर्गठित जिला जयपुर के कार्यक्षेत्र में कुल 16 उपखण्ड तथा 21 तहसील सम्मिलित रहेंगी जो निम्न हैं

नाम उपखण्ड	नाम तहसील
जयपुर	जयपुर
	कालवाड़
आमेर	आमेर
सांगानेर	सांगानेर
बस्सी	बस्सी
	तूंगा
चाकसू	चाकसू
	कोटखावदा
जमवारामगढ़	जमवारामगढ़
	आँधी
चौमूं	चौमूं
साम्भरलेक	फुलेरा मु.
	साम्भरलेक
माधोराजपुरा	माधोराजपुरा
रामपुरा डाबडी	रामपुरा डाबडी
	जालसू
किशनगढ़ रेनवाल	किशनगढ़ रेनवाल
जोबनेर	जोबनेर
शाहपुरा	शाहपुरा
दूदू	दूदू
फागी	फागी
मौजमाबाद	मौजमाबाद

जिला : सवाई-माधोपुर

पुनर्गठित जिला सवाईमाधोपुर के कार्यक्षेत्र में कुल 8 उपखण्ड तथा 11 तहसील सम्मिलित रहेंगी, जो निम्न हैं

नाम उपखण्ड	नाम तहसील
सवाई माधोपुर	सवाई माधोपुर
खण्डार	खण्डार
चौथ का बरवाड़ा	चौथ का बरवाड़ा
बौंली	बौंली
मलारनाडूंगर	मलारनाडूंगर
गंगापुरसिटी	गंगापुरसिटी
	तलावड़ा
वजीरपुर	वजीरपुर
बामनवास	बामनवास
	बरनाला

जिला : करौली

पुनर्गठित जिला करौली के कार्यक्षेत्र में कुल 6 उपखण्ड तथा 10 तहसील सम्मिलित रहेंगी जो निम्न हैं

नाम उपखण्ड	नाम तहसील
करौली	करौली
	मासलपुर
सपोटरा	सपोटरा
मण्डरायल	मण्डरायल
हिण्डौन	हिण्डौन
	सूरौठ
	श्रीमहावीरजी
टोडाभीम	टोडाभीम
	बालघाट
नादौती	नादौती

जिला : जोधपुर

पुनर्गठित जिला जोधपुर के कार्यक्षेत्र में कुल 10 उपखण्ड तथा 14 तहसील सम्मिलित रहेंगी जो निम्न हैं

नाम उपखण्ड	नाम तहसील
जोधपुर उत्तर	जोधपुर
जोधपुर दक्षिण	कुडीभगतासनी
लूणी	लूणी
	झंवर
बिलाडा	बिलाडा
भोपालगढ़	भोपालगढ़
पीपाडसिटी	पीपाडसिटी
ओसियाँ	ओसियाँ
	तिवरी
बावड़ी	बावड़ी
शेरगढ़	शेरगढ़
बालेसर	बालेसर
	सेखाला
	चामू

जिला : अजमेर

पुनर्गठित जिला अजमेर के कार्यक्षेत्र में कुल 11 उपखण्ड तथा 12 तहसील सम्मिलित रहेंगी जो निम्न हैं

नाम उपखण्ड	नाम तहसील
अजमेर	अजमेर
पुष्कर	पुष्कर
पीसांगन	पीसांगन
नसीराबाद	नसीराबाद
किशनगढ़	किशनगढ़

रूपनगढ़	रूपनगढ़
अराई	अराई
केकड़ी	केकड़ी
सावर	सावर
भिनाय	भिनाय
सरवाड़	सरवाड़
	टांटोटी

जिला : टोंक

पुनर्गठित जिला टोंक के कार्य क्षेत्र में कुल 7 उपखण्ड तथा 10 तहसील सम्मिलित रहेंगी जो निम्न हैं

नाम उपखण्ड	नाम तहसील
टोंक	टोंक
देवली	देवली
	दूनी
	नगरफोर्ट
निवाई	निवाई
पीपलू	पीपलू
उनियारा	उनियाराअलीगढ़
मालपुरा	मालपुरा
टोडारायसिंह	टोडारायसिंह

जिला : सीकर

पुनर्गठित जिला सीकर के कार्यक्षेत्र में कुल 11 उपखण्ड तथा 13 तहसील सम्मिलित रहेंगी, जो निम्न हैं

नाम उपखण्ड	नाम तहसील
फतेहपुर	फतेहपुर
रामगढ़ शेखावाटी	रामगढ़ शेखावाटी
लक्ष्मणगढ़	लक्ष्मणगढ़
नेछवा	नेछवा
सीकर	सीकर
धोद	धोद
	सीकर ग्रामीण
दातारामगढ़	दातारामगढ़
खण्डेला	खण्डेला
रींगस	रींगस
नीम का थाना	नीम का थाना
	पाटन
श्रीमाधोपुर	श्रीमाधोपुर

जिला : झुंझुनूँ

पुनर्गठित जिला झुंझुनूँ के कार्यक्षेत्र में कुल 9 उपखण्ड तथा 12 तहसील सम्मिलित रहेंगी जो निम्न हैं

नाम उपखण्ड	नाम तहसील
झुंझुनूँ	झुंझुनूँ
	गुढागौडजी
नवलगढ़	नवलगढ़
बुहाना	बुहाना
चिडावा	चिडावा
मण्डावा	मण्डावा
	बिसाऊ
मलसीसर	मलसीसर
सूरजगढ़	सूरजगढ़
	पिलानी
खेतड़ी	खेतड़ी
उदयपुरवाटी	उदयपुरवाटी

जिला : जालौर

पुनर्गठित जिला जालोर के कार्यक्षेत्र में कुल 9 उपखण्ड तथा 10 तहसील सम्मिलित रहेंगी जो निम्न हैं

नाम उपखण्ड	नाम तहसील
जालौर	जालौर
आहोर	आहोर
	भाद्राजून
सायला	सायला
भीनमाल	भीनमाल
जसवन्तपुरा	जसवन्तपुरा
सांचौर	सांचौर
बागौडा	बागौडा
चितलवाना	चितलवाना
रानीवाड़ा	रानीवाड़ा

जिला : भीलवाड़ा

पुनर्गठित जिला भीलवाड़ा के कार्यक्षेत्र में कुल 15 उपखण्ड तथा 18 तहसील सम्मिलित रहेंगी, जो निम्न हैं

नाम उपखण्ड	नाम तहसील
माण्डलगढ़	माण्डलगढ़
बिजौलिया	बिजौलिया
भीलवाड़ा	भीलवाड़ा
	सवाईपुरा
रायपुर	रायपुर
गंगापुर	सहाडा
आसीन्द	आसीन्द
करेडा	करेड़ा
हमीरगढ़	हमीरगढ़
माण्डल	माण्डल
गुलाबपुरा	हुरडा
	अण्टाली
शाहपुरा	शाहपुरा
जहाजपुर	जहाजपुर
	काछोला
फूलियाकलां	फूलियाकलां
बनेडा	बनेडा
कोटडी	कोटडी

सम्भागों के क्षेत्राधिकार

सम्भागों के पुनर्गठन पश्चात् 07 सम्भागों का क्षेत्राधिकार निम्नानुसार होगा

नाम सम्भाग	नाम जिला
अजमेर	अजमेर, भीलवाड़ा, ब्यावर, डीडवाना- कुचामन, नागौर, टोंक
बीकानेर	बीकानेर, चूरू, हनुमानगढ़, श्रीगंगानगर
भरतपुर	भरतपुर, डीग, धौलपुर, करौली, सवाई माधोपुर
जयपुर	जयपुर, अलवर, दौसा, कोटपूतली-बहरोड़, खैरथल-तिजारा, झुंझुनूँ, सीकर

नाम सम्भाग	नाम जिला
जोधपुर	जोधपुर, बाड़मेर, बालोतरा, जैसलमेर, जालौर, पाली, फलौदी, सिरोही
कोटा	कोटा, बाराँ, बूँदी, झालावाड़
उदयपुर	उदयपुर, बाँसवाड़ा, चित्तौड़गढ़, डूँगरपुर, प्रतापगढ़, राजसमन्द, सलूम्बर

नए जिलों के लिए बनी कैबिनेट सब समिति

मदन दिलावर के नेतृत्व में कैबिनेट सब समिति का निर्माण किया गया था। कमेटी का स्वरूप इस प्रकार था।

- मदन दिलावर (संयोजक)
- राज्यवर्धन सिंह राठौड़ (सदस्य)
- कन्हैयालाल चौधरी (सदस्य)
- हेमन्त मीणा (सदस्य)
- सुरेश सिंह रावत (सदस्य)

कौन जिला किसमें सम्मिलित होगा

जिला	सम्मिलित होगा
अनूपगढ़	गंगानगर में
जोधपुर ग्रामीण	जोधपुर में
सांचौर	जालौर में
शाहपुरा	भीलवाड़ा में
नीम का थाना	सीकर में
जयपुर ग्रामीण व दूदू	जयपुर में
गंगापुर सिटी	सवाई माधोपुर में
केकड़ी	अजमेर में

अध्याय 2 ~ राजस्थान में शिक्षा

प्रारम्भिक शिक्षा के नवीन प्रयास

- **अनुच्छेद-21**(A) संविधान के भाग-3 में 6-14 वर्ष के बच्चों को नि:शुल्क व अनिवार्य शिक्षा का प्रावधान।
- **धारा-29** (2) राज्य द्वारा पोषित या राज्य निधि से सहायता प्राप्त करने वाली किसी शिक्षा संस्था में किसी नागरिक को केवल धर्म, जाति, प्रजाति, भाषा या इनमें से किसी एक आधार पर प्रवेश लेने से नहीं रोकेगा।
- **अनुच्छेद-30** शिक्षण संस्थानों की स्थापना, प्रशासन करने का अल्पसंख्यकों को अधिकार।
- **धारा-45** 10 वर्ष के अन्तर्गत वे बच्चे जब तक 14 वर्ष के नहीं हो जाते, तब तक राज्य नि:शुल्क व अनिवार्य शिक्षा देने का प्रयास करेगा।
- **अनुच्छेद-343** देवनागरी लिपि में 'हिन्दी' संघ की राजभाषा होगी।
- **अनुच्छेद-350** प्राथमिक स्तर पर शिक्षा, मातृभाषा में

नोट *भारत एक पन्थ निरपेक्ष राष्ट्र है, इसकी घोषणा का उल्लेख संविधान के 42वें संशोधन द्वारा हुआ।*

- समवर्ती सूची वाले विषयों पर कानून केन्द्र व राज्य दोनों बना सकते हैं।
  जैसे - शिक्षा, समवर्ती सूची में
  कब - वर्ष 1976 में
- **प्राच्य पाश्चात्य विवाद** - 1813 ई. के आज्ञा-पत्र से जुड़ा था। आज्ञा-पत्र में आवण्टित ₹ 1 लाख खर्च कैसे होंगे, ये नहीं बताया गया।
- कलकत्ता मदरसा 1781 ई. में वॉरेन हेस्टिंग्स द्वारा
- बनारस संस्कृत विद्यालय 1791 ई. में डंकन जोनालय के प्रयासों द्वारा
- फोर्ट विलियम कॉलेज की स्थापना - 1800 ई. में कलकत्ता में लॉर्ड वेलेजली द्वारा

स्वतन्त्रता पूर्व शिक्षा के सम्बन्ध में प्रगति

- मैकाले का पत्र - 2 फरवरी, 1835 को लॉर्ड विलियम बैण्टिक के पास परामर्श
- यह मैकाले का विवरण-पत्र भी कहलाता है।
- मैकाले ने ही निस्पन्दन सिद्धान्त/छन्नीकरण का सिद्धान्त दिया।

- छन्नीकरण सिद्धान्त - उच्च वर्ग को दी गई शिक्षा, कालान्तर में निम्न वर्ग तक जाएगी।
- मैकाले के विवरण-पत्र का ध्येय वाक्य - ''एक अच्छे यूरोपीयन पुस्तकालय की अलमारी का साहित्य, भारत व अरब के सम्पूर्ण साहित्य के समान है।''
- **मैकाले के अनुसार** ''हमें भारत में एक ऐसा वर्ग बनाना चाहिए, जो रक्त व वर्ण में भारतीय, किन्तु रुचियों, नैतिक आदर्शों व बुद्धि में अंग्रेज हो।''
- चार्ल्स वुड का घोषणा-पत्र (19 जुलाई, 1854) चार्ल्स वुड 'बोर्ड ऑफ कण्ट्रोल' के अध्यक्ष रहे।
- इनके घोषणा-पत्र को भारतीय शिक्षा का महाधिकार-पत्र अथवा मैग्नाकार्टा कहा जाता है।
- छन्नाई का सिद्धान्त अस्वीकार किया, इस घोषणा-पत्र के बाद शिक्षा का एकमात्र उद्देश्य नौकरी पाना रह गया।
- वुड के घोषणा-पत्र के अनुसार ही 1857 ई. में मुम्बई, चेन्नई व कोलकाता में विश्वविद्यालय खोले गए।
- माध्यमिक विद्यालयों में आर्थिक सहायता हेतु अनुदान प्रणाली-एकमात्र देन जो आज भी प्रचलित है।
- **हण्टर आयोग 1882** सर विलियम हण्टर की अध्यक्षता में प्राथमिक शिक्षा के विकास व सार्वभौमीकरण हेतु गठित

  (ऐसा माना गया कि माध्यमिक व उच्च शिक्षा पर ध्यान देकर प्राथमिक शिक्षा की उपेक्षा की गई।)
- लॉर्ड कर्जन की शिक्षा नीति
- भारतीय विश्वविद्यालय आयोग - वर्ष 1902 में पारित

नोट *मातृभाषा को पढ़ाई का माध्यम बनाया।*

- इसी प्रकार वर्ष 1917 में सैडलर आयोग बना, जो प्राथमिक शिक्षा से सम्बन्धित था।

स्वतन्त्रता पश्चात् के शिक्षा आयोग

- विश्वविद्यालय शिक्षा आयोग, 1948 या राधाकृष्णन आयोग 4 नवम्बर, 1948 को गठित
  - **अध्यक्ष** डॉ. राधाकृष्णन
  - **उपराष्ट्रपति** वर्ष 1952-1962
  - **राष्ट्रपति** वर्ष 1962-1967
  - **भारत रत्न** वर्ष 1954

माध्यमिक शिक्षा आयोग (1952) **या मुदालियर आयोग**

- अध्यक्ष डॉ. लक्ष्मण स्वामी मुदालियर

कोठारी आयोग, 1964

- आयोग का उद्घाटन 2 अक्टूबर, 1964 को नई दिल्ली के विज्ञान भवन में किया गया।
- प्रो. डी. एस. कोठारी इसके अध्यक्ष हैं।

माध्यमिक शिक्षा से सम्बन्धित सुझाव

- निम्न प्राथमिक - (1 - 5) – एक भाषा (मातृभाषा)
- उच्च प्राथमिक (6 - 8) – दो भाषाएँ (मातृ/क्षेत्रीय + हिन्दी/अंग्रेजी)
- निम्न माध्यमिक (8-10) – 3 भाषाएँ

राष्ट्रीय शिक्षा नीति, 1986

- राष्ट्रीय शिक्षा संरचना
- 10+2+3 की एक राष्ट्रव्यापी शिक्षा संरचना की सिफारिश
- राष्ट्रव्यापी पाठ्यक्रम
- वर्ष 1976 में **42वें संविधान संशोधन** द्वारा शिक्षा - समवर्ती सूची में शामिल।
- व्यावसायिक शिक्षा को बढ़ावा देने की सिफारिश
- JNV, ऑपरेशन ब्लैक-बोर्ड
- संशोधित राष्ट्रीय शिक्षा नीति, 1992 (प्रोग्राम ऑफ एक्शन, 1992)
- शिक्षा की प्रणाली राष्ट्रीय पाठ्यक्रम संरचना पर आधारित होनी चाहिए।

प्रो. यशपाल समिति (1992-93)

- **मुख्य बिन्दु** शिक्षा बिना बोझ के
- **उद्देश्य** अधिगम की गुणवत्ता में सुधार हेतु सुझाव

राष्ट्रीय पाठ्यचर्या की रूपरेखा (2005)

- प्रत्येक बच्चे की सीखने की **गति/प्रकृति अलग** होती है।
- सभी बच्चे सक्रिय रूप से पूर्व ज्ञान के आधार पर अर्थ निर्माण करते हैं।
- NCERT वर्ष 1961 स्कूली शिक्षा के विभिन्न स्तरों के लिए किताबों का निर्माण।
- प्रौढ़ शिक्षा के क्षेत्र में **तकनीकी सहायता**।

ऑपरेशन ब्लैक-बोर्ड (1987-1988)

- प्राथमिक विद्यालय को न्यूनतम आवश्यकता की सुविधाएँ उपलब्ध करवाना।
- कक्षा-कक्ष आकर्षक बनाया जाए।
- अध्ययन-अध्यापन को न्यूनतम मदों का उल्लेख।

इन्दिरा गाँधी राष्ट्रीय मुक्त विश्वविद्यालय

- **स्थापना** 20 सितम्बर, 1985 को
- N.P.G.E.L. National Programme of Education for Girls at Elementary Level
- **लक्ष्य** कक्षा 1-8 तक की बालिकाओं को शिक्षा के सार्वभौमीकरण को अतिरिक्त सुविधाएँ प्रदान करना।

अध्याय 3 ~ राजस्थान में स्वास्थ्य शिक्षा

स्वास्थ्य

- स्वास्थ्य एक बहुत ही महत्त्वपूर्ण शब्द है। कोई भी व्यक्ति बिना अच्छे स्वास्थ्य के सफलता की बुलन्दियों को नहीं छू सकता। स्वास्थ्य का सम्बन्ध एक व्यक्ति के शारीरिक, मानसिक, सामाजिक, आर्थिक इत्यादि स्वास्थ्य के अनेक आयामों से है।
- इन सभी आयामों से व्यक्ति यदि परिपूर्ण है, तो यह माना जाता है कि वह स्वस्थ है। एक स्वस्थ व्यक्ति अपने जीवन में आने वाली सारी कठिनाइयों से लड़ने के लिए सक्षम होता है।
- स्वास्थ्य शिक्षा उन सभी अनुभवों का जोड़ है, जो हमारे व्यक्तिगत, सामाजिक, सामुदायिक स्वास्थ्य से सम्बन्धित आदतों, प्रवृत्तियों तथा ज्ञान पर लाभदायक प्रभाव डालते हैं।
- ''स्वास्थ्य शिक्षा वह प्रक्रिया है, जो स्वास्थ्य सूचना और स्वास्थ्य व्यवहारों के मध्य खाई को पाटती है।''
- रूथ ई. ग्राउट के अनुसार, ''स्वास्थ्य शिक्षा शैक्षिक प्रक्रिया के माध्यम से स्वास्थ्य के विषय में जो कुछ ज्ञात हैं, उसे उचित व्यक्तिगत एवं सामुदायिक व्यवहार के नमूनों में परिवर्तित करने का नाम है।''
- उपरोक्त परिभाषा के अनुसार, स्वास्थ्य शिक्षा मनुष्य को अनुप्रेरित करती है कि वह सूचना लेकर कुछ ऐसा करे, जिससे वह अधिक स्वस्थ बनने के लिए हानिप्रद कार्यों की अवहेलना कर सके और ऐसी आदतों का निर्माण कर सके, जो उपयोगी हैं।
- स्वास्थ्य वह शिक्षा है, जिसके द्वारा स्वास्थ्य सम्बन्धी ज्ञान को व्यक्तिगत एवं सामाजिक स्तर पर व्यावहारिक रूप से परिवर्तित करने का प्रयास किया जाता है।

स्वास्थ्य की अवधारणा

- जे. एफ. विलियम्स के अनुसार, ''स्वास्थ्य शरीर का वह गुण है, जो व्यक्ति को अधिकतम जीने और उत्तम सेवा करने योग्य बनाता है।''
- बेकन के अनुसार, ''स्वस्थ शरीर आत्मा का अतिथि भवन और दुर्बल और रुग्ग (बीमारी) शरीर आत्मा का कारागृह होता है।''

- वोल्टगर और एकलिंगर के अनुसार, ''स्वस्थ मानसिक एवं शारीरिक उस अवस्था को समझा जाता है, जिसमें व्यक्ति शारीरिक भागों से सम्बन्धित आन्तरिक एवं वातावरण से सम्बन्धित बाहरी कार्यकलापों से पूरी तरह समायोजित होता है।''
- विश्व स्वास्थ्य संगठन (W.H.O.) के अनुसार, शारीरिक, मानसिक, सामाजिक एवं संवेगात्मक रूप से विकार रहित व्यक्ति को स्वस्थ व्यक्ति माना गया है।

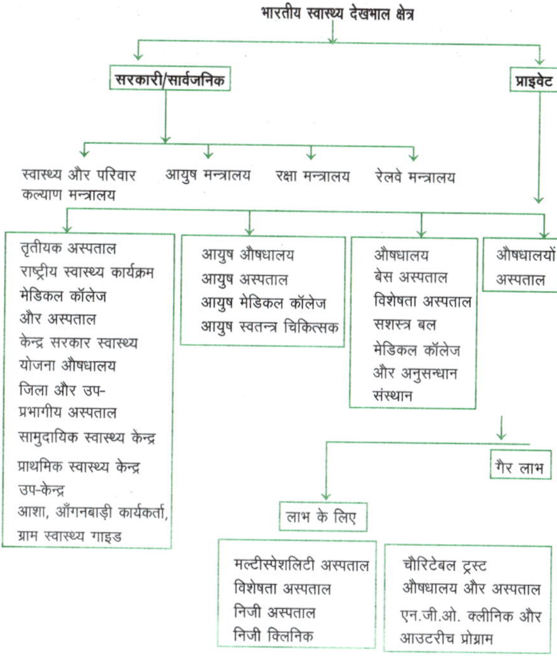

विश्व स्वास्थ्य संगठन (World Health Organisation)

- W.H.O संयुक्त राष्ट्र - विशेष एजेंसी
- यह स्वास्थ्य से सम्बन्धित है।
- W.H.O स्थापना - 22 जुलाई, 1946 (स्विट्जरलैण्ड - जिनेवा)

ऐसे सुधरेगा राजस्थान का स्वास्थ्य

- जोधपुर में 30 करोड़ की लागत से कैंसर इंस्टीट्यूट।
- जयपुर में इंस्टीट्यूट ऑफ ट्रॉपिकल मेडिसिन एण्ड वायरोलॉजी
- प्रदेश के 25 जिलों में नर्सिंग कॉलेज खोले जाएँगे।
- जयपुर में राष्ट्रीय स्तर का इंस्टीट्यूट ऑफ कार्डियोलॉजी सेण्टर बनेगा।
- हर विधानसभा क्षेत्र में एक-एक मॉडल CHC बनाई जाएगी।
- हर सम्भाग में पब्लिक हेल्थ कॉलेज खोले जाएँगे।

अध्याय 4 ~ राजस्थान के प्रमुख समाचार-पत्र

राजस्थान के प्रमुख समाचार-पत्र, सम्पादक व उनकी स्थापना वर्ष निम्न हैं

समाचार-पत्र	सम्पादक	स्थापना वर्ष
राजस्थान केसरी (देशी राज्यों का प्रथम समाचार-पत्र)	विजयसिंह पथिक	1920
नवीन राजस्थान	विजयसिंह पथिक	1922
तरुण राजस्थान	शोभालाल गुप्त	1923
राजस्थान	ऋषिदत्त मेठता	1923
आर्य मार्तण्ड	पं. रामसहाय शर्मा	1923
त्याग भूमि	पं. हरिभाऊ उपाध्याय + क्षेमानन्द राहत	1927
यंग राजस्थान	रामनारायण चौधरी + शोभालाल गुप्त	1929
दीपक	स्वामी केशवानन्द	1935
अखण्ड भारत	जयनारायण व्यास	1936
संग्राम	भूपेन्द्र त्रिवेदी	1939
जयभूमि	गुलाबचन्द काला	1940
राजस्थान टाइम्स	पं. वासुदेव शर्मा	1941
जयपुर समाचार	श्यामलाल शर्मा	1942
स्वराज्य	रामकरण जोशी	1942
लोकवाणी	पं. देवीशंकर तिवाड़ी	1943
दैनिक रियासती	सुमनेश जोशी	1945
आज का बीकानेर	रघुवर दयाल गोयल	1945
सेनानी	शम्भू दयाल सक्सेना	1950
प्रेरणा	कोमल कोठारी	1950
राष्ट्रदूत	सुमनेश जोशी	1951
ज्ञानोदय	कोमल कोठारी	1950
राजस्थान पत्रिका	कर्पूरचन्द कुलिश	1951

अध्याय 5 ~ राजस्थान की प्रमुख संस्थाएँ

राजस्थान की प्रमुख संस्थाएँ, उनका निर्माण वर्ष व संस्थापक निम्नलिखित हैं

संस्थाएँ	निर्माण वर्ष	संस्थापक
भरतपुर प्रजा परिषद्	1939	जुगल किशोर चतुर्वेदी
जैसलमेर राज्य प्रजा परिषद्	1939	शिवशंकर गोपा
प्रजामण्डल प्रगतिशील दल	1940	चिरंजीलाल अग्रवाल
जागीर माफी प्रजा परिषद्	1941	कुँजबिहारी लाल + हरिनारायण शर्मा
श्री ब्रज जन प्रतिनिधि समिति	1942	महाराज बृजेन्द सिंह
बीकानेर समिति	1944	महाराजा सार्दुलसिंह
राजस्थान महिला परिषद्	1947	शान्ता त्रिवेदी
मारवाड़ क्रान्ति संघ		लालचन्द
नागरी प्रचारिणी सभा	1934	ज्वाला प्रसाद जिज्ञासु + जौहरीलाल इन्दु
महिला मण्डल	1935	दयाशंकर श्रोत्रिय
वागड़ सेवा मन्दिर	1935	भोगीलाल पाण्ड्या + गौरीशंकर उपाध्याय
वनवासी संघ	1940	भोगीलाल पाण्ड्या
सेवा आश्रम		माणिक्यलाल वर्मा
अस्पृश्यता निवारण संघ	1923	पं. हरिनारायण शर्मा
होमरूल लीग	1916	सेठ दामोदर दास राठी
भरतपुर विद्यार्थी परिषद्	1920	गोपीलाल यादव + जुगल किशोर चतुर्वेदी
आदिवासी संघ	1923	पण्डित हरिनारायण शर्मा
हाड़ौती सेवा संघ	1925	पं. नयनूराम शर्मा
भरतपुर राज्य प्रजा संघ	1928	ठाकुर देशराज + मोतीलाल यादव
मारवाड़ राज्य लोक परिषद्	1929	आनन्दराज सुराणा + जयनारायण व्यास
भरतपुर पीपुल्स एसोसिएशन	1929	ठाकुर देशराज
राष्ट्रीय महिला समिति	1930	इन्दुमति गोयनका
राजस्थान सोशलिस्ट रिपब्लिक एसोशिएसन	1931	ज्वाला प्रसाद शर्मा
माहेश्वरी नवयुवक मण्डल	1937	रघुनाथ सिंह
मीणा क्षेत्रीय सभा	1933	वंशीधर शर्मा